说话的艺术

王建一◎著

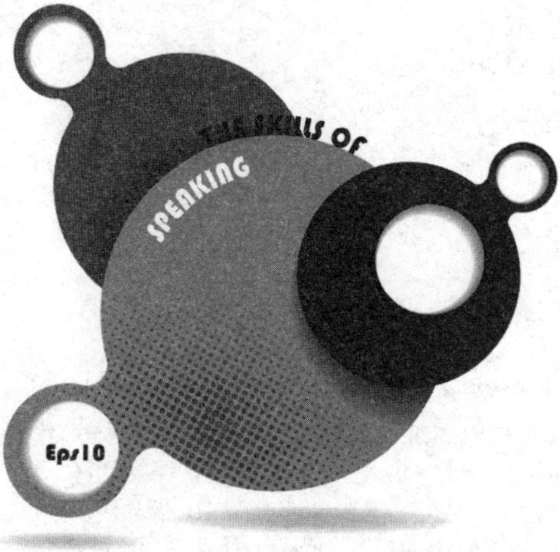

北京时代华文书局

图书在版编目（CIP）数据

说话的艺术 / 王建一著. -- 北京 : 北京时代华文书局, 2019.9（2019.12重印）
ISBN 978-7-5699-3160-0

Ⅰ. ①说… Ⅱ. ①王… Ⅲ. ①语言艺术—通俗读物 Ⅳ. ①H019-49

中国版本图书馆 CIP 数据核字（2019）第 173316 号

说话的艺术
SHUOHUA DE YISHU

著　　者 | 王建一

出 版 人 | 王训海
选题策划 | 王　生
责任编辑 | 周连杰
封面设计 | 乔景香
责任印制 | 刘　银

出版发行 | 北京时代华文书局 http://www.bjsdsj.com.cn
北京市东城区安定门外大街136号皇城国际大厦A座8楼
邮编：100011　电话：010-64267955　64267677
印　　刷 | 三河市金泰源印务有限公司　电话：0316-3223899
（如发现印装质量问题，请与印刷厂联系调换）
开　　本 | 889mm×1194mm　1/32　印　　张 | 6　字　　数 | 123千字
版　　次 | 2019 年 9 月第 1 版　印　　次 | 2019 年 12 月第 2 次印刷
书　　号 | ISBN 978-7-5699-3160-0
定　　价 | 38.00元

序言

别输在不会说话上

在日常生活中，说话是我们表达意愿的方式。

相信当你选择翻开这本书时，已经意识到与人说话流畅、得体，能够帮助你的事业更加成功，家庭更加美满。是一种可以成就你的事业、家庭、工作的重要因素。正如我国著名散文学家朱自清说过的：“人生不外言动，除了动就只有言，所谓人情世故，一半是在说话里。”

古往今来，人们在追寻为人处世之道的路上，也一直在挖掘说话的艺术。

说话的艺术，不仅体现着一个人的语言组织能力，还从客观上反映了一个人的素质和涵养。会说话的人，与其沟通有种如沐春风的感觉，不会说话的人，一句话就能让人气得跳起来。讲究说话艺术的人，常常言简意赅、褒贬有度、生动有趣，这既可以表现出其气质和才情，也可以提高其社会地位。因此，掌握会说话的艺术，是关系到人生成败的大事。

在生活中，我们每天都得面对太太、丈夫、父母和孩子，都得通过说话进行情感的沟通；在工作中，我们每时每刻都得准备与同事、领导有效沟通；出门在外，更要和朋友、陌生人交谈……对话怎么开始，聊些什么内容，什么样的话可以说，什么样的话最好不要说，什么场合说什么话，什么话到什么时候能说，这都是有门道的，也都是我们需要掌握的说话的艺术。

在注重人际关系的当代社会，掌握了说话的艺术，可以说就拿到了通往成功之门的钥匙。

然而，没人敢说做一个既会说话又有魅力的人，是一件简单的事，做人不仅要靠衣装，也要靠会说话来武装自己，这样才更有魅力。正如法国著名小说家巴尔扎克曾说："言谈是衣着的精神部分，用上它，撇开它，就和戴上或摘下装饰着羽毛的女帽一样。"相信听到这样的描述，会让很多人感同身受。

那么如何才能提高说话水平，让听者有欲望听你说下去，避免尬聊呢？要学会讲故事，用幽默调节气氛；要懂得"听话听音"的道理，学会倾听，听懂对方的意图，把话说到对方心里；要知道"沉默是金，言多必失"的道理，该闭嘴的时候就闭嘴，更容易赢得话语权；要懂得"投其所好"的道理，制造对方感兴趣的聊天话题……

很多时候，我们输就输在说话不够艺术上，因为我们不注意一些小细节。实际上，会说话，也是可以通过后天专门训练达到的。很多人都通过自己的亲身经历证明：只要掌握了说话的技巧，稍加注意方式和方法，说话水平一定会有较大幅度的提高。到那时，你的朋友，你的同事，你的领导可能都会对你忽然有一种"士别三日，当刮目相看"之感了。

全书通过各种关于"说话"的小故事，以场景再现的写作手法展示了在一定状况下，该说什么或者不该说什么，并借用正反案例，提出应对建议，示范了如何自然说话的艺术。

目 录

第一章
每个人都想成为话题中心

第二章
你不冷场，就不会被冷落

第六章

不做自媒体，放大参与感

第七章

任何语言都是感情的孩子

第一章

每个人都想成为话题中心

每个人都需要别人的了解，沟通与交流本就是为了加强彼此的了解，而且人们展示自己、推销自己，让别人了解自己本无可厚非。然而，经常被大家忽略的一个事实就是——自己并没有自己想象的那样了解对方。一味按照自己的想法、思路展开一场别开生面的演讲，强势地占据对话的绝对主动地位与大部分时间，聊天就成了一场枯燥乏味的个人秀。

1. 大多数人的聊天，都被“我”扫了兴

在生活当中我们经常会遇到这样一种现象：一群人在兴致勃勃地谈论着一件事情，有些人也想融入这种氛围，但是一开口大家瞬间失去了继续交谈下去的兴致。

一场热火朝天的聊天以大家的尴尬收场，让人叹息。那么，为什么大家聊天时，总是会被不合时宜的人和加入方式“扫兴”呢？关键就在于想加入的人会不会说话。

“到什么山上唱什么歌”是人们耳熟能详的一句谚语，但也是实际生活中容易被大多数人忽略的一个道理。很多人在“唱歌之前”往往不会花费任何一点时间和精力去了解一下面前的到底是“怎样的一座山”，自以为性情随和、谈吐优雅，实则惹人厌烦。

唐朝时，有一个叫张兴的郎中，学识渊博、心地善良，却总是一开口就让人生厌。

一天，李狗一家忙着给自己七十岁的父亲过寿，热闹异常。热情的张兴也带着贺礼过来凑热闹，只见大家都在笑容满面地祝福老人，并热心地嘱咐老人多加注意

保养身体。

张兴这时匆忙走过来，不考虑他人感受，自顾自地向老人传授起了“保养秘方”，从《神农本草经》到《伤寒杂病论》，引经据典，滔滔不绝。乡亲们碍于情面并没有打断他，但也完全没有了之前的喜庆气氛。

一向直来直去的李狗媳妇拉着脸说：“这是给我公公过寿呢，谁愿意听你一个人掉书袋呢！你自己也不看看，还有几个人愿意听你讲话！”

张兴一脸尴尬，讪笑着应了几句，就红着脸离开了。

原本高高兴兴的交流场合，因为张兴不合时宜的话题插入，变得非常扫兴，惹得人们厌烦不已。

所以，在别人谈论一个话题时，只有分清场合，顺利融入大家感兴趣的话题，而不是一味地凑热闹，不顾别人的情绪表达自己的想法，才能大大降低“扫兴”事件发生的几率。

莉娜就是这样一个“会聊天”的人，她总是能选择恰当的话题加入一个热闹的聊天氛围，与别人相处得非常融洽。

一次，莉娜独自坐火车去外地姥姥家里。火车上的时间漫长而无趣，旁边座位上的几个年轻人却聊得热火朝天。可以看出，他们是几个喜欢小动物的人，因为他们一路上的话题从没有离开过自己家的猫咪与狗狗。

莉娜也是一个喜欢小动物的人，却没有因为旅途的单调而冒失地加入他们的谈话当中，只是在微笑着倾听。

过了一会儿，他们中间一个女孩子抱怨："我不在家的时候，我家豆豆经常会把家里搞得乱七八糟，甚至有一次把我的被子都拖到了地上。我舍不得打它，也不知道怎么办！"

另外几个人听了，除了表示自己的宠物不会这样"不乖"，并没有说什么。莉娜知道这个女孩子并不只是简单的抱怨，而是想要找到解决这个问题的办法，但听到同伴只是说自己的狗狗不听话，也并没有给出什么建议，看出那个女孩有点失落后，于是她扭过头说："我家的'毛孩子'之前也总是这样子，它们也不是不乖，只是有点太依恋自己的主人了。"

女孩子听了非常感兴趣，好奇地问："那你是怎么处理的呢？"另外几个人也不约而同地转过身来，想听听她有什么更好的方法。

莉娜笑了笑："其实狗狗独自在家的时候，把家里折腾得越厉害，我就越高兴，说明它很爱我，离不开我，其实它们只是不习惯远离我的气味。所以，每次出门之前，把自己不穿的衣服丢给它，让它们随时能闻到主人熟悉的味道，就不会不安了。"

几个人听了之后，赞同地点了点头。那个女孩子脸上的表情也明显愉悦起来，并开始问莉娜一连串其他的问题，比如狗狗挑食、经常流眼泪、爱翻垃圾桶怎么办。

莉娜结合自己的实际经验说出了一些想法，并积极地询问其他几个人的看法。

几个年轻人开始七嘴八舌地提出各种猜想和对策，一个说厌食可能是平时喂零食太多了，另一个说可能是没有及时驱虫。虽然每个人都只是在根据自己的经验发表着不成熟的意见，但几个人越聊越有兴趣。甚至从宠物的饮食习惯聊到了人的饮食习惯。尤其是在莉娜到达目的地要下车的时候，他们还主动留下了她的联系方式，相约有时间还要经常联系。

对于大多数人来说枯燥无趣的旅行，莉娜却能够把它变得很有意思，秘诀就在于她懂得如何在恰当的时机选择恰当的话题融入到一个群体当中。

而在平时生活当中，莉娜更是表现出了自己这一方面的能力。

莉娜是一个生活简单、朴素的人，从不购买品牌服装以及进口化妆品，但这些东西却经常是身边同事聊天的热门话题。每到中午的时候，她们就会聚到一起讨论自己最近买了什么牌子的外套，代购了那个国家的眼霜……莉娜虽然懂得不多，但每次都能顺利地加入到她们的谈话中。

其中的秘诀同样在于，莉娜总是能够找到大家都感兴趣的话题。比如，同事在讨论自己最近购买的口红的时候，莉娜会问她们不同颜色的口红和服装的颜色搭配问题；同事在讨论流行的时尚元素的时候，莉娜会和她们讨论怎样选出适合自己的风格与元素。这样的问题——总是把对方放在主角的位置上，而不是以“我”为核心——总是很容易引起爱打扮的女同事的兴趣，引发大家的热情讨论。

人是群居的社会性动物，渴望加入别人的聊天也是一种再正常不过的心理表现。但盲目地加入，以自我为中心地加入，往往会陷入因为置别人于不顾而使原本热闹的交谈难以进行下去的尴尬境地。

要走出这一困境，需要我们掌握融入他人话题的说话艺术。倾听并找出别人真正感兴趣的话题所在，选择恰当的时机与节点融入，就不容易成为“扫兴”的那个人。

2. 一开口就自我聚焦，你不累吗？

一群人在一起聊天，原本营造的是一种各抒己见、轻松愉悦的谈话氛围和环境，但总是会有人把一次毫无压力感的聊天变成自己的“个人秀”，让人感觉抑郁而心情沉重。

他们善于把每一个话题都引到自己的身上，希望能够有更多的机会表现自己，引起别人的注意。然而，这种在谈话过程中总是以自我为中心的表现，经常会引起别人的反感。

一次原本很开心的同学聚会，对于王强来说却过得并不开心，因为他觉得自己虽然一直想表现得更合群一点，实际上与期待已久的同学之间的谈话却并不投机。

聚会刚开始的时候，老班长李文哲为了调动气氛，满面笑容地说：“好久不见，发现大家都变化了很多，欢迎同学们主动介绍自己近几年的情况，好让我们再对彼此多一点了解！”

话音刚落，王强就站了起来，花了将近半小时的时间介绍了自己从刚毕业找工作直到现在的情况。就在他想要接着展示自己的“宏伟蓝图”的时候，李文哲笑着打断了他："王强，半个小时了你也休息一下，等其他人说完你再补充也不迟！"

然而，在接下来的时间里，李文哲却为自己的这句话而后悔不迭。因为王强总是能根据别人的讲话找到自己"补充"的地方。别人说完自己的艰辛创业历程，他就会赶紧站起来说自己也曾经尝试过创业，经历了怎样的困难。听见别人说工作的地方远离家乡，想念自己的父母，他就补充说自己刚工作的时候也在异地他乡，天天"举头望明月，低头思故乡"……

后来，王强的话语更直接了，甚至在别人正在说话时就打断他们，说出自己的一些看法。因为王强不断地进行自己的"补充"，大家渐渐丧失了说话的兴趣，老班长也无奈地说："咱们今天的介绍先到这里吧，大家有时间再聊，咱们先吃饭吧！"

可是，即使在吃饭的间隙，王强也在不停地向同一桌吃饭的人炫耀自己的孩子是多么懂事，学习成绩多么优秀。几乎每个人都感到特别地厌烦，但碍于同学情面，也不好说什么，只能简单应和他几句。之后，个别同学又组织了几次小型聚会，但没有任何人愿意邀请"积极调动氛围"的王强。

其实，王强的问题就在于总是想占据话题的中心，希望别人围绕自己展开讨论。然而，每个人都是与众不同的个体，有着自己的想法，又有谁愿意忽视自己的感受去倾听另外一个人展示自我的演讲呢?

况且，很多时候，一个一开口就想赢得别人关注、渴望成为话题中心的人，也往往过得并不轻松。因为他们很容易陷入自己的世界，过于重视自己的感受，尤其在意别人对自己的态度和看法。一旦受到别人的冷落，就很容易心生不满，变得偏执起来。

很久以前，法国有一个贵妇人琳娜组织了一场沙龙，其中聚集着一群谈吐高雅、气质不凡的上层人士。而其中还有一个叫马蒂的女人尤为引人注目，因为她不仅有着动人的美貌，还有着高贵的皇室血统。

然而，高傲的马蒂，总是把自己当作整个沙龙的中心，在和别人的谈话中，总是很强势地把话题围绕在自己的身上。

比如，当听到有人在赞赏另一个人的穿着时，她总是滔滔不绝地展示自己的过人之处，讲述自己的搭配理念。当别人在诉说自己生活的无奈时，她也总是能够成功地接住话题，无休止地讲述自己的种种烦恼。虽然马蒂的这种聊天方式经常让别人感到厌烦，但人们或碍于她的地位，或倾慕她的美貌，总是尽力很配合地表现出感兴趣的样子。

一次革命的爆发，让马蒂的丈夫殒命其中，自己也丧失了大部分财产。但沦落为平民的马蒂，在和别人谈话时依然总是想成为中心和焦点。

有一天，在和邻居一起散步的时候，她不停地讲述着自己当年的风光与美貌。在聚会吃饭的时候，她一直向别人传达自己在贵族阶层时的饮食习惯。甚至在和之前的老友见面时，她也总是占据了所有的说话时间，告诉别人自己现在的处境，表达自己的不满。

渐渐地，大家都变得不愿意和马蒂说话，害怕听见她那无休止的以自我为中心的言语。每次聚会，大家总会不约而同地选择忽视她的存在。

马蒂却无法忍受大家对她的日渐冷落，在一个风雨交加的夜晚选择了自尽。

马蒂的结局是悲惨的，但产生这种结果的原因就在于，马蒂总是渴望在每次谈话中成为别人关注的焦点，渴望成为大家关注和讨论的对象，渴望大家的话题围绕在自己身上。

天长日久，当别人对这种谈话方式不耐烦时，她并没有感觉到是自己出现了问题，反而认为自己的尊严受到了践踏并因此心生不满，为之付出了生命的代价。

聊天是一种最常见也非常重要的社交方式，让每个参与其中的人都有着平等的地位与话语权才能让所有人都能感觉到轻松与愉悦。

要知道，并不是每个人都对自己有着异乎寻常的兴趣，没必要把自己当成了不起的人物，喋喋不休地讲述关于自己的一切。一开口就自我聚焦，想吸引所有人的注意反而会招来别人的讨厌却仍不自知。

要想摆脱这种不正常的心态，需要摆正自己的位置，认识到自己只是一个普通的谈话参与者，一个话题的探讨者，而不是中心人物。每一个人都有着自己不平凡的想法和经历，给予别人更多的表达机会与展示空间，才能创造一个轻松愉悦的聊天环境，让自己获得被接纳的喜悦以及与人交往的轻松感。

3. 聊天时，每个人都想成为主角

无论是和朋友之间的一次普通的聊天，还是和自己的合作伙伴进行生意上的沟通与谈判，没有谁愿意当配角，成为被别人忽视的那一个“蹲守在黑暗角落里的可怜虫”。

如果在交流过程中不顾及对方的感受，一味地阐述自己的想法，很有可能会引起别人不耐烦的情绪，影响沟通的质量。

然而，有人也许会产生质疑，甚至用一些极端的例子进行佐证。

想必大家都知道“王婆卖瓜，自卖自夸”的典故。

远从西域而来的王坡（婆），带着家乡的特产——胡瓜——来中原销售。胡瓜虽然美味可口，但看起来歪七扭八、丑陋不堪，平时很少见到胡瓜的中原人，对此并没有多大的兴趣。所以，几天过去了，生意并没有像王坡想象的那样火爆。

这时，平时就很爱说话的王坡，充分发挥了自己的特长，站在集市上滔滔不绝地讲起了胡瓜的各种好处，引得众人围观，并幸运地受到了外出巡行的神宗皇帝的注意与夸赞，由此闻名遐迩。

这个故事似乎在传达着这样的信息：王坡似乎是因为占据了与买家交流的主动地位，强势地推销自己的瓜而名利双收。但在现实生活中，这一看似颠扑不破的真理在大多情况下却是行不通的。

振华最近担任了一家陶瓷茶具生产公司的总经理职位，负责公司的客户开发与接待、产品销售与宣传等工作。

颇具雄心壮志的振华，拿出了“新官上任三把火”的魄力，进行了一系列的改革。他认为产品要想卖出去，首先需要被客户了解。于是不惜花重金请来培训人员来培训一批讲解人员，甚至还设立了专门的“陶瓷课堂”，让每一位来谈生意的客户来这里“上课”，听一些专业讲解。

振华的这一设想，得到了员工的支持与认可。他们认为只要自己提供无微不至的服务，就能获得顾客的好感与信任。但一段时间过去了，事实却并非如此。

在“陶瓷课堂”上，重金聘请的专家在讲台之上条分缕析，授课内容可谓异彩纷呈，但讲台下的客户却昏昏欲睡，甚至大多数人选择了中途离开。

无独有偶，经过严格培训的讲解人员，同样是热情地拉着客户参观工厂，喋喋不休地讲述着每一件产品的选材与加工制作工艺。但客户经常会感觉到不耐烦，甚至推脱有急事“落荒而逃”。

这些与预期大相径庭的情况让振华感到非常懊恼和不解。在一次会议上，上司甚至点名批评说：“我们公司的新经理从上任以来，销量不仅没有一点提升的迹象，反而呈现下滑趋势。改革是好的，但改错了方向，一定要及时改回来！”

而陷入困境的振华并没有及时寻找问题、总结原因，相反开始抱怨自己花费了大量的心血，但客户并不领情。

这时，一位早已退休的老上司知道后，找到了心烦意乱的他：“振华，其实你的初衷也是好的，但忽视了一个最普通的道理，所以才会适得其反啊！”

振华听了，好奇地问：“什么道理？”

老上司说：“现在连我的小孙子都知道‘课堂互动’，即使是老师讲课也需要让学生占据主动地位呢，更何况我们和客户进行沟通呢？我们自己讲得热热闹闹，本应被充分重视和尊重的客户却成了配角，他们怎么会有合作的兴致呢？”

振华听了恍然大悟，第二天就召集所有员工，宣布说：“以前，我总是让你们多说多讲，可是从今天开始，大家要学着少说话，尽量给客户提供更多的说话时间与机会，让他们成为我们沟通中受到尊重与关注的主角！”

除此之外，振华还把原来的“陶瓷课堂”改为“提问课堂”，主动创造机会让客户发言，说出自己的问题与疑惑所在。

负责讲解的客服人员也转身成为负责解答客户疑问的咨询人员，精简介绍，充分尊重客户的主角地位，与他们真诚交流和沟通。

慢慢地，客户不耐烦的情绪越来越少，甚至主动和相关人员进行沟通，了解公司的产品与理念。客户感受到了自己在每一次交流当中受到的尊重与关注，也感受到了自己的重要地位，对公司好感度迅速提升，合作意愿随之增强，公司的销售业绩也稳步攀升。

的确如此，在平时聊天或者与自己的客户沟通时，喋喋不休地讲解与阐述，看似是对别人的热情或者说是对自己产品的自信。但实际上，这种沟通方式往往会引起对方的反感情绪。

每个人都需要别人的了解，沟通与交流本就是为了加强彼此的了解，而且人们展示自己、推销自己，让别人了解自己本无可厚非。然而，经常被大家忽略的一个事实就是——自己并没有自己想象的那样了解对方。一味按照自己的想法、思路展开一场别开生面的演讲，强势地占据对话的绝对主动地位与大部分时间，聊天就成了一场枯燥乏味的个人秀。

而要想让任何场景下的沟通与交流变得有趣、有效，其中的诀窍就是让对方成为聊天的主角。

这就意味着，在聊天时，要把对方放在与自己平等的位置甚至高于自己的位置上，让他们成为聊天的主角，感受到充分的受尊重与关注，满足他们渴望得到理解的需要。

同时，这还意味着，自己要懂得收放自如的说话艺术，克制自己的表现欲望，给对方提供足够的说话时间，赋予他们更多的说话权利，并扮演好倾听者的角色。

只有这样，才能让一次普通的聊天变得生动有趣，让一次本来复杂的沟通与谈判变得得心应手，让我们在简单的交流当中，轻松获得别人的信任与好感，达到自己的目的甚至取得超乎想象的成果。

4. 投其所好，就有聊不完的话题

经常会有人抱怨说自己可能存在交际障碍，因为每次和别人一起聊天的时候，要么不知道怎么开口，要么就是聊了两句就不知道该说什么了，只能长时间保持尴尬的沉默。

其实，不必羡慕那些与谁都能愉快交流的人，只要掌握“投其所好”的诀窍，几乎每个人都能和别人有聊不完的话题。而“投其所好”就是说要善于找到自己和别人共同感兴趣的话题，让谈话过程变得轻松有趣起来。

一只小兔子想找一个好朋友。

刚开始，他找到了豹子。在听到豹子答应做自己的朋友之后，小兔子非常开心地邀请他：“亲爱的豹子，我们一起讨论一下哪种草最好吃吧！”

豹子听了不开心地说：“对不起，我很忙，你找别人讨论去吧！”

失落的兔子又找到了山羊，在山羊答应做他的好朋友之后，兔子又说：“亲爱的山羊，我们来讨论一下怎么搭建一个结实的窝棚吧！”

山羊却告诉他自己还有其他事情，转身离开了。

心情郁闷至极的兔子在回家的路上又遇到了一条蛇，经过一番苦苦哀求，冷血的蛇终于答应要做他的朋友。小兔子高兴地跳起来："蛇，我来告诉你怎样才能快速地奔跑吧！"

蛇听了，不高兴地说："我今天没时间，也没心情知道怎样奔跑，再见了兔子！"

最终，可怜的兔子没有交到一个朋友。

很明显，兔子的问题就出现在，他没有找到自己和对方共同感兴趣的话题，因此每次聊天都不欢而散。如果他能够和豹子聊一聊怎样快速奔跑，和山羊交流一下怎么找到好吃的草，和蛇沟通一下怎么做窝，可能就会有不同的结局。

在现实生活中同样如此，如果每个人能够仔细挖掘和沟通对象之间存在的共同感兴趣的话题，不仅能够让整个聊天过程轻松愉快，还能更好地实现沟通的目的。

黄鸣是一家保险公司的推销员，也是每个月业绩做得最好的一个。他的秘诀就是会找客户感兴趣的话题和他们展开交流，获得了对方的信任与好感，做起工作来通常事半功倍。

一次，一个和他约好9点钟见面的客户却迟到了半个小时。见到黄鸣后，客户满脸歉意地说："实在对不起，每天都走这条路送孩子去幼儿园，今天路上堵车了，让你等了这么长时间。"

黄鸣一点儿也没有生气，反而很高兴找到了可以和对方沟通的话题，于是说："这也是经常会遇到的事情，我姐的孩子今年也刚上幼儿园，也经常会因为送孩子耽误不少事情。可是，孩子毕竟是最重要的啊，看着他们在幼儿园学会很多东西，什么辛苦也值得了！"

客户也深有感慨地说："是啊，孩子自从上了幼儿园，变得有礼貌了，还学会了帮我们做家务，我们心里别提多高兴了！"

……

就这样，黄鸣和客户兴致勃勃地聊起了孩子的问题，与客户在短时间内找到了共鸣。两人在热烈的交谈当中增进了信任，变成了朋友，黄鸣也顺利地推销了自己的保险，一举两得。

这种说话的艺术，让黄鸣在工作中接连受益。

在和另外一个六十多岁的企业家客户沟通的时候，黄鸣同样依靠着寻找与对方之间的共同话题，顺利达到了交流与成交的目的。

走进客户的办公室的时候，黄鸣就发现这个看起来干劲十足的老人也有着自己的苦涩与无奈。桌子上摆着一张老人女儿的全家福：一个满头短发身材微胖的女人旁边站着一个外国中年男人和一个可爱的混血宝宝。

于是，黄鸣开口说道："我的父亲也像您这么大年纪了，虽然现在生活水平比之前提高了不少，他们生活也无忧无虑的，但经常跟我抱怨，嫌我工作忙，不回去看他们呢！"

老人叹了口气说："现在的年轻人哪里知道父母的苦心啊？我们辛辛苦苦把孩子养大，图的就是老了身边能热闹点。但是女儿嫁到了荷兰，虽然每天的生活丰富多彩，但我心里还是舍不得她去那么远的地方。"

黄鸣安慰老人说："其实我也知道父母心里想我，希望我能回到他们身边。但是我觉得生命太短暂了，不趁着年轻想做什么就做什么，也害怕老了会后悔。我也很心疼自己的父母，就是很多时候不好意思说出来罢了。相信您的女儿跟我也差不多是一样的心理吧！"

黄鸣的话引起了老人的兴致，高兴地和他谈起了自己女儿的成长过程以及怎么去了国外，谈起女儿多长时间与自己通一次电话、多久回国一次，并热切地询问他年轻人对于自己父母的看法与感情、和年轻人聊什么才不会让他们觉得厌烦等。

融洽的交谈中，老人对女儿的思念之情得到了缓解，并对女儿离开自己远嫁国外的事情释怀了许多。黄鸣更是又一次不仅顺利地卖出了自己的保险，还多了一个忘年交。

当我们和别人进行交流的时候，要想避免出现“无言以对”的尴尬局面，就必须要学会找到对方感兴趣的话题。以此为突破点，就能让沟通变得轻松简单起来。

而想要顺利找到别人感兴趣的话题，也并非难事。通过耐心的倾听与细致入微的观察，可以让我们对将要与自己交流的对象有一定的了解，有助于我们找到合适的话题。而对于自己周围的亲人、朋友，则更应该拿出对他们的关心，在日常生活中努力发现他们喜欢的话题。这样，就能有效避免与别人交流时出现尴尬的沉默状况。

投其所好，是一种策略，更是一种说话的艺术，能够帮助我们顺利化解许多交际困难，让我们与别人相处得更加轻松愉快。

5. 敢于把对方看在眼里、放在心里、含在嘴里

很多时候，很多人在与别人沟通时，经常会犯一个共同的毛病：振振有词地摆出自己的想法，希望得到别人的认同与肯定。这样的交流方式会让自己有一种痛快的感觉，因为大多数人都热衷于展示自己的高明之处，并从自己的角度和想法出发，希望别人能够遵从自己的意见与看法。

然而，这种做法实际上却并不高明。正如我们不会轻易地听从别人的指点一样，别人也不会轻易地服从我们颐指气使的“教诲”。在这种情况下，我们只能从反方向入手，切实地关心对方的想法与境况，敢于把对方的境况看在眼中，描述自己对他们的关心与忧虑之处，往往能够达到很好的沟通效果。

《战国策》中的《触龙说赵太后》就是一个生动的例子。

赵太后对于要把自己最心疼的小儿子长安君送到齐国当人质的事情异常生气，并对每一个以维护国家利益为理由前来充当说客的大臣说，如果你们哪个人敢再向我说起让长安君去当人质的事情，我就把唾沫吐到那个

人脸上。

在所有人畏于太后权威不敢谏言的时候，触龙出场了。但是他并没有站在道德的制高点与国家利益的角度上阐述一套让人厌烦的大道理，而是关切地询问太后，她最近身体怎么样，还能顺当地走路吗？吃得多吗？

在太后回答自己身体不如从前，进食也少了很多后，他便开始劝太后平时应该多锻炼身体，要善于保养。以这样的方式开始沟通，让太后放下了心中的警惕，并愿意心平气和地与之交流。

触龙顺势从自己教育孩子的方式入手，关心着太后对她两个孩子的感情与将来的结局，顺利让太后放下了偏执的想法。

触龙的成功之处就在于，他能够在与别人交流的过程中时刻把对方放在话题的中心位置，让对方感觉到自己是真心关切、爱护他们，为他们着想，这样就能够轻松地达到自己的目的。

如果能够把这种时刻把对方看在眼里、放在心中，并将对方的一切作为话题的中心的沟通艺术运用到自己的日常生活当中，同样会大有裨益。

姚辉最近因为自己刚刚初中毕业的儿子宸宸苦恼不已。因为宸宸不知道因为什么，非要辍学和几个同学去外地打工。为此，姚辉和妻子苦口婆心地劝导，甚至把儿子锁在家中，害怕他跑去外地。但宸宸不但丝毫不理解他们的苦心，反而认为父母过于霸道，从没有把自己的想法和自由当作一回事。

宸宸的奶奶、姥姥甚至三个姑妈轮番上阵，反复地和他讲述父母对他的苦心和爱护，以及外面世界的复杂和险恶，但依旧没有任何效果。

宸宸初中时的班主任王老师知道这件事的始末后，也来到了宸宸家中，打算劝他安心于自己的学业。但来到学生家中后，王老师发现自己的学生并不给自己面子，紧闭卧室门，谁也不让进去。

姚辉夫妻俩一脸尴尬，反而开始劝老师放弃。王老师笑了笑，让他们俩暂时出去回避一会儿。

等他们都出去后，王老师说："宸宸，我把他们赶走了，就是因为觉得他们一点都不懂你，整天就知道说自己有多辛苦。其实老师知道，你们学习也非常辛苦，甚至每天过得比我这个班主任都紧张。"

宸宸并没有开门，自己在卧室里低声回应："确实是这样的，我不想去学校，其实更重要的原因是不想在家里整天听我爸妈的啰嗦与指点了。他们总觉得自己正确，认为我还是个孩子，什么都不懂。我出去打工，就是想多一点自由和独立，不需要依靠他们。"

王老师听了，知道自己如果继续之前的说法，肯定没有任何效果。于是尝试着从宸宸的角度去思考问题，尝试着从为他解决烦恼切入来劝解他。于是告诉他：“宸宸，我上学的时候也遇到了和你一样的问题，觉得自己的父母无聊透顶，想早点离开他们。其实我现在也知道，上学并不是我们唯一的出路。如果你想离开家的话，我可以给你一点建议，你可以把我说的话当作一个年长的朋友给你的忠告。”

宸宸听了老师的话，好奇地问：“什么建议呢？”

王老师说：“现在你有两种选择，各有利弊。第一种选择就是现在离开家出去打工，好处就是你可以现在就远离父母烦人的唠叨，但不好的地方就是你年纪太小，可能也无法很快找到适合自己的工作。你可能还会不可避免地向父母索要生活费，会很没面子。而且，你现在的文化水平还没父母高，之后的工作与社会地位很可能会不如他们，这样岂不是就更给了他们指点你的资本了。”

宸宸听到这里，急不可耐地打开了门，问：“那我到底应该怎么办呢？”

王老师接着说：“还有一个选择就是先忍耐他们一些时间，努力让自己变得比他们优秀，让周围的人失去教导你的资格，你就会获得更为长久的自由。这样做不好的地方就是，你需要付出时间与精力，学会耐心等待。”

宸宸觉得老师并没有像其他人一样总是站在大人的角度去指责自己的不懂事和叛逆，而是真心地在为自己着想和出谋划策，也开始平心静气地和老师谈论起自己的种种想法，并最终决定要继续完成学业，做一个“更优秀的人”。

王老师的高明之处在于能够站在孩子的角度考虑问题，真正能够在交流的过程中把他的境况与烦恼放在心中，并作为话题中心认真探讨，而不是把自己和别人的想法展示出来，强迫孩子了解与接受。

和孩子之间的交流如此，与成年人之间的交流沟通更需这样。

每个人都有着自己的独特想法，也有着渴望被别人了解的心情。在聊天的过程中，我们要努力尝试着放低自己的身段，真正用心体会别人的心中所想，真诚地为对方解决问题。这样，就能更加轻松地获得对方的信任，在更加融洽的聊天氛围中，达到自己的目的。

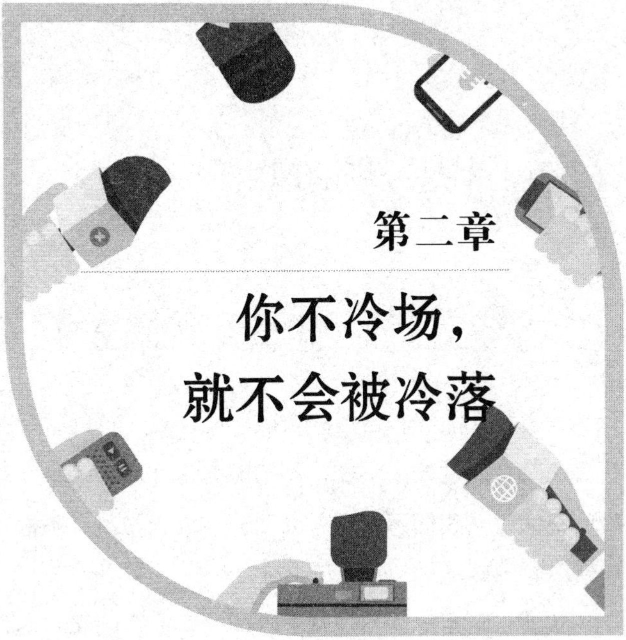

第二章

你不冷场，就不会被冷落

与陌生人沟通、交流，也不一定就意味着尴尬和冷场。学会细致地观察、仔细地倾听，不断提升自己的素养，积累更多的知识与人生阅历，就能够让我们更加轻松地找到与对方的共同点，找到双方有共鸣的话题。而这些共同点，正是我们认识、交往与关系深化的必备要素。

1. 陌生不是冷场的理由

关于冷场，出现几率最大的场合可能就是在和陌生人打交道的时候了。

大多数人能够和自己的亲戚、朋友安然相处，但在陌生人面前，往往会感觉局促不安，不知道怎么开口，甚至在对方主动和我们说话时，我们不知道怎么回答，或因为自己不恰当的回答而导致尴尬的冷场。

然而，陌生却并不是聊天冷场的理由。回想我们和自己的诸多朋友由陌生变熟悉再到深入交往的原因及过程，往往会发现一个共同点：我们和朋友之间总是或多或少地存在着共同兴趣和爱好。例如，在一个学校读过书、有着相似的生活习惯，甚至有着相同的思想观念。这样的共同点，经常就是打破陌生防线的第一道力量。由此，也可以展开更为深入的话题，缓解冷场的尴尬。

俞伯牙与钟子期的千古美谈至今为人传颂，而两人坚固的友谊同样离不开对高深音乐的精通这一共同点。

俞伯牙有着极好的音乐天赋，非常喜欢弹奏《高山流水》。他把自己的全部感情都寄托在这首曲高和寡的曲子上，但一直苦于无人能够读懂自己的心思。直到砍柴的钟子期路过俞伯牙弹琴的地方，听出了其中的“峨峨泰山”“洋洋江河”，两人由此成为知音。

在这段友谊当中，俞伯牙善于弹奏音乐，而钟子期却善于倾听。“音乐”就是两个人的共同点。而在现实生活当中，“共同点”的发现虽然并不需要我们有多么高深的技艺，但如果善于发现自己和陌生人之间的共同之处，就能很好地缓解陌生带来的距离感，找到聊天的话题。

志南就是这样的一个善于发现共同点的“自来熟”。大学毕业后，他独自去了南方的一座大城市打工，不到一年的时间就结识了不少朋友。认识他的人都开玩笑说他“遍地是熟人”，这和他与陌生人沟通的技巧息息相关。

第一天上班的时候，他发现坐在自己对面一排的两个男生总爱结伴出去抽烟，而在下次他们出去的时候，他也跟了出去。

两个人客套地对他笑了笑，就没说什么。志南却笑着对其中一个人说：“呦，原来你也喜欢抽苏烟，我也一直抽这个牌子，感觉还不错。”

那个人很快就接过话说：“是啊，而且价格也不贵，适合咱们这个层次。”

听完这句话，志南接着问道："哥，你是河南人吧？"

对方笑着说："是啊，你怎么知道？我是河南驻马店的！"

志南高兴地说："听你口音有点像，我也是北方的。而且有好几个河南的朋友，都很好相处。其中有一个老王也是驻马店的，听说你们那儿有一个大水库，夏天都去水库抓鱼，可有意思了。"

那个河南的同事听到这些，更是非常兴奋，迫不及待地与他讲起了那个"有趣的水库"以及其他一些家乡的风俗习惯。两个人有种一见如故的感觉，并约好中午吃饭接着聊，渐渐地成了好朋友。

志南就是在和同事初次交流的时候，顺利找到了抽同一个品牌的香烟、同是北方人、有着河南朋友等共同点，找到了聊天的主题，避免了陌生人之间经常出现的冷场现象。但在很多时候，发现共同点却并不是很容易，这就需要更加细致的观察与丰富的知识储备以及人生阅历作为基础，

同样，志南和自己妻子丹丹的认识就是一个很好的例子。

志南在参加朋友婚礼的时候，和丹丹坐在同一桌上，并主动和她搭讪："美女，你和我这哥们是亲戚？"

丹丹笑着说：“不是的，我们是大学同学。旁边这桌也都是一个学校的，坐不开了，我就坐到这边来了。”

志南听了，继续感兴趣地问：“那你也是学中文的了？”

丹丹点了点头，没说话。志南接着说：“虽然我是理工科的，但我也非常喜欢文学。对了，你最喜欢哪位作家呢？”

丹丹想了想说：“韩少功，我觉得他这个人很有思想深度，总是能很准确地抓住一件事情发生的深层社会原因，并用独特的方式表现出来。”

志南若有所思地点点头，并说道：“我读过他的《山南水北》，感觉他是一个非常真实的作家。我老家也在农村，但很少见其他作家能把那种普通的农村生活、琐碎杂事写得那么真实和具有艺术感。”

丹丹赞同地说：“因为韩少功这个人就很真实啊，他在乡间不是悠闲地做一个安享晚年的文人，而是像陶渊明那样真正地融入到了那个环境中，能够和大多数农民一样每天卷着裤腿，面朝黄土背朝天地劳作，也能够忍受担粪挑土的重担，这是绝大多数‘假隐居’的人无法做到的。”

……

找到了文学与作家韩少功这个共同点，两个人的话题明显多了起来，非常投机，并在婚礼结束的时候互相留了联系方式。这个共同点也成为他们后续联系的出发点，就这样，他们渐渐变成了朋友，又变成了恋人。而这一共同点的挖掘，离不开志南平时的阅历与知识储备。

一位伟人曾说：“人生就是一场出发，在旅途中见识不同的风景，认识不同的人。”在生活当中，我们的确需要经常面对陌生的环境与陌生的人打交道。如果仅仅因为陌生，就轻易地原谅了自己的矜持与冷漠，不仅会让自己丧失许多结交朋友的机会，也会让自己的人生少了许多美丽风景。

与陌生人沟通、交流，也不一定就意味着尴尬和冷场。学会细致地观察、仔细地倾听，不断提升自己的素养，积累更多的知识与人生阅历，就能够让我们更加轻松地找到与对方的共同点，找到双方有共鸣的话题。而这些共同点，正是我们认识、交往与关系深化的必备要素。

2. 没有接不住的话，只有不会接话的人

冷场最典型的表现大概就是别人说了一句话，我们却不知道怎么接下去了。

用现在比较流行的一个网络词语概括，就是“尬聊”。尤其是在一些不得不和对方聊天的情境中，如果不懂得接话的技巧，就只能在“尬聊”中痛苦挣扎了。

其实，大多数的对话并不是一块无法接手的“山芋”，只要我们善于抓住对方话中的关键词，从对方的角度出发进行联想和延伸，就能够让接话变得轻松很多。

古时候，有一个整天跟着知县出去巡查的跟班，叫李化。巡查的路上通常会很无聊，知县偶尔也会发发牢骚。可是，不论知县说什么，李化总是能够找到合适的话回应，并渐渐得到了知县赏识，升做贴身侍卫。

一次，知县坐在轿子里，边擦汗边说：“这天真热啊，百姓在农田里干活太辛苦了。”

知县说完这句话，如果简单回应“是啊！肯定会热得浑身冒汗”，必然会让人感觉非常地无趣，而且会让知县觉得是在敷

衍他。

所以，李化的回答是："是啊！小河里的水都快晒干了，我父亲昨天还说每天在田里干活，衣服都能拧出水来。"

知县听了，觉得李化能够很好地明白自己的意思，是个精干的人，便开始留心注意他了。

还有一次，知县在巡查一条小河的时候，感叹："最近河里的鱼越来越少了。"

旁边的一个衙役说："是啊，怪不得最近市场上鱼贵了。"

而李化却说："最近灌溉农田，所以河里的水少了。而且百姓在这个青黄不接的时候也喜欢抓抓鱼，缓解一下眼前饥荒。"

其实，李化的秘诀就在于抓住了知县话中的关键词："天热""农民辛苦"与"河""鱼少"，并能够从知县的角度出发，围绕这几个关键词做出回应，接起话来就显得高明了许多。

然而，在现实生活中，要想不冷场，对接话有着更高的要求。需要我们明白对方的想法、抓准对方话中的关键词，更要保证我们接的话有让对方继续和我们交流下去的欲望。这样，才能让我们的接话更加自然，让对方觉得我们"会说话"。

晓宇就是一个非常会接话的人。

有一次，他在街上遇见了一个很久不见的朋友老高。老高与他简单客套了几句后，说道："我离婚了！"

晓宇说：“怪不得看着你很憔悴，也要注意自己的身体，别太难过了。咱们都是朋友，有什么事都可以向我倾诉。但话又说回来了，怎么突然就离婚了呢？”

老高叹了口气说：“还不是因为我俩性格不合。”

晓宇说：“我觉得平时也没发现你性格有什么问题啊，你们怎么就闹到这种地步了呢？”

老高：“……”

晓宇在和这位关系并不是非常亲密的朋友老高对话的时候，就一直在努力弄明白老高的想法，并准确抓住了朋友话中的关键词。在听到朋友离婚的消息的时候，他首先表达了自己的安慰与关心之意。在听到朋友的离婚是因为“性格不合”时，他又站在了朋友的立场表示自己认为老高性格没问题。

如果仔细观察，我们还会发现。晓宇接话的高明之处在于，他在巧妙地接住朋友的话的同时，也通过一种开放式的提问为两人之间继续对话提供了可能。这一点，在接话的时候非常重要，甚至可能决定着是否会因为自己的一句话就开始出现冷场。

晓宇正是将这种平淡而高明的接话技巧，运用到了与朋友、同事、家人的交流中，获得了大家的喜爱。

公司聚会，晓宇与另外几个同事和平时一个看起来非常严肃的上司在一桌吃饭，整桌的气氛都有点冷淡。

在所有的饭菜都端上桌后，上司为了缓解气氛，笑着说："听说这家饭店的菜都挺好吃的！"

另外几个同事也呵呵地笑着表示应和。

晓宇说道："我也是第一次来这个饭店，我最喜欢吃麻婆豆腐了，看样子确实做得不错。你们平时都喜欢吃什么菜啊？"

上司第一个说："我平时就喜欢吃点清淡的蔬菜，像油麦菜、豆角什么的。"

另外一个同事说："我呀，就喜欢吃肉。什么回锅肉、扣肉、红烧肉，只要和肉有关，我都喜欢！"

大家听了哈哈大笑，开始愉快地谈论起自己喜欢的菜以及这家饭店厨师的手艺。

在这句对话中，晓宇同样抓住了上司话中的"听说""饭菜不错"的关键点，并对此表示了赞同，缓解了上司处于相对孤立地位的尴尬。同时，又以提问"你们喜欢吃什么菜"的方式引发了大家的讨论。

这种开放式的问题，正是接话的最大亮点之一。它能够最大限度地引发别人的联想与讨论，起到调动氛围的作用。这远比简单地提问"你们喜欢这道菜吗？"或者"你们觉得这道菜好不好？"要高明得多。

因而，当我们在和自己的家人、朋友、同事，甚至自己的客户进行沟通时，要想避免出现冷场的尴尬局面，就要学会有技巧地接话。

首先要善于倾听，找准对方话语中的关键词，并理解对方的想法与感情，这样才会让谈话内容往对方感兴趣的方向上发展，奠定不冷场的基础。而要想让自己变成真正“会接话”的人，更需要我们在接话的同时创造下一个话题，让聊天有继续下去的可能。

一个大家感兴趣、能回答得上来的巧妙提问，往往会成为引爆话题的导火索。在接话时，我们要使自己的问题具有问题。

如果我们能够学会接话的技巧，就会发现，几乎没有什么话是无法承接的。避免冷场，原来也可以这么简单。

3. 廉价的建议和评价都会卡带

在聊天时遇到别人寻求建议或者希望给出评价的情境，你会怎么办呢？很多人会选择以一种敷衍和应付的态度对待，提出一些“万金油”般各处都适用的建议和“白开水”般索然无味的评价，自以为能够减少出错和得罪人的几率，实际上却常常会让别人丧失与之继续聊天的兴趣。

森林里有一只“好好狐狸”，之所以称它为“好好狐狸”，是因为无论其他动物问它什么事情，它都说：“好，好！”

孔雀问它：“你觉得我的羽毛好看吗？”

狐狸说：“好，好！”

孔雀听了无聊地走开了。

狮子说：“你觉得我住在那棵大树下面好吗？”

狐狸说：“好，好！”

狮子听了依旧拿不定注意。

一开始，这种回答也让狐狸落下了一个会说话的好名声。可时间长了动物们觉得狐狸的所有评价和建议总是一模一样，没有任何的意义和价值，渐渐地，找它询问看法的动物越来越少。

一次，最近刚搬进森林的一只老虎遇见了“好好狐狸”，哭丧着脸对它说：“狐狸先生，我的两个孩子得病死了，真是太让人伤心了！”

狐狸说：“好，好！”

结果话音刚落，生气的老虎就一口咬死了狐狸。

当然，我们在平时聊天的过程中，提出的建议和评价可能不会像这只狐狸一样没有任何意义和价值。但是，的确会有很多人因为自己过于廉价的建议、评价，让别人无言以对。

鲁琦就是这样的一个人。

放学后，鲁琦回到宿舍，发现室友张琳琳捂着被子趴在床上，关心地问：“我说怎么下午上课没看见你，你怎么了啊？”

张琳琳说：“中午的时候和朋友吃饭吃得太辣了，胃疼了一下午。”

鲁琦说：“好可怜啊，下次一定注意不要吃太辣了！”

张琳琳没有说话。

晚上，另一个室友丹阳逛街回来，兴奋地拿出一件衣服：“鲁琦，你看这件衣服好看吗？”

鲁琦回答说："你个子高，皮肤白，穿什么都好看！"

另一段对话也就这样告一段落。

仔细思考，其实鲁琦给出的建议和评价都是非常"廉价"的，也因为回答本身没有价值，让对方失去了继续聊下去的兴趣。如果她能够在回答别人之前，结合自己的生活经验与阅历，思考之后再给出虽然不够成熟但足够真诚的意见，结果就会好很多。

比如，她可以将对张琳琳的建议改为："下次一定要注意不要吃太辣了，上次我一个朋友胃疼在校医院检查，据说那个赵医生开的药还挺管用的，要不我陪你去看看？"她可以将对丹阳新衣服的评价改为："我觉得这件衣服的领口花边和背后的绑带超好看，你个子高、皮肤也白，搭配一件白色紧身裤肯定很好看。"

这样的回答，不仅会让对方有足够被重视的感觉，还能为接下来的对话创造新的话题。

敏敏的姐姐和鲁琦一样，是一个面对别人的询问不懂得如何表达自己想法的人，在生活中经常会发生冷场和卡带的现象。即使是和自己的母亲，她也经常觉得没什么话可说。

和自己的姐姐不同，敏敏和自己的母亲关系非常好，母亲虽然经验比她要丰富得多，但不管遇到什么事情都愿意咨询一下她的意见。这与她每次都能给母亲提供恰如其分的建议和评价息息相关。

母亲打电话给姐姐说：“我最近关节又开始疼了。”

姐姐肯定会说：“妈妈，你照顾好自己啊，没事了去医院看看。”

而敏敏则会换一种回答：“妈妈，平时多注意通风，不要让家里太潮湿了。在饮食上也要注意均衡搭配，多吃点蔬菜，增强体质。对了，我听说张伯伯的关节炎是在一家医院做的超声疗法，效果还不错，要不你去试试？”

母亲听完，兴致勃勃地和她聊起了自己平时是怎么预防这一老毛病的，并且分析了自己和张伯伯的病有哪些不同，所以根本就不适合用同一种方法治疗。同时，也提醒敏敏注意身体，注意饮食……

对于姐姐的回答，母亲只能用“知道了”“我有时间就去”这样的话回应，然后就没有了下文。而敏敏的回答，却给自己和母亲提供了继续交流下去的可能。

在生活中如此，在工作中敏敏更是一个懂得如何提出有效的建议和有价值的评价的人。

毕业后，她一直在一家连锁商店做市场推广专员。一次会议上，上司提出要在一个交通便利、客流量大的商业区里面再开一家分店，并询问大家的意见。

其他人有的说交通便利，方便进货；有的说客流量大，市场反应应该也不错。上司听了，高兴地点点头，并没有说什么。一次原本准备很久的探讨会，眼看就要草草结束。

然而，问到敏敏的时候，敏敏站起来说："我觉得整体没什么大问题，交通、市场合适，而且据说那一块的开发商也很有实力，资金投进去也相对安全。但是如果能把商店的位置挪到商业区外面的话会更好吧，还开拓了马路来往行人这一市场！"

上司听到敏敏对自己的想法的评价和提出的建议，非常感兴趣，并带动其他人也参与到这个建议的讨论中来，最终找到了开店的最佳方案。

很多时候，建议和评价是否"廉价"的区别就在于，提出建议和评价的人，选择因为某种原因愿意花费精力切实地为对方考虑，还是因为"事不关己"，或者是出于"明哲保身"，或者仅仅是因为懒得思考而敷衍了事。

然而，人与人之间的交往是一生必修的课程，学会如何提出自己的意见与想法，会大大增强我们的人际交往能力。

无论是在生活当中，还是在工作当中，在别人向我们寻求建议的时候，或者需要我们评价人或事的时候，只要我们拿出足够的真诚，让自己提出的想法有价值，就能有效避免冷场，提升自己的人格魅力。

4. 平行你们的谈话主题

在与自己不太熟悉的人或者和与自己的行业、成长经历不同的人聊天时，经常会发现一个很无奈的事实——对于对方提出的话题，我们几乎一无所知。这时，硬着头皮聊下去，不仅会让对方因感觉我们在不懂装懂从而产生反感的情绪，甚至连我们自己都会觉得备受折磨。

一个人的精力和阅历是有限的，我们不可能事事精通，不管对方提出什么话题都能衔接地天衣无缝。如果在聊天中遇到自己不懂的话题，可以尝试着平行自己与对方的谈话主题，化解一些不必要的尴尬。

那么，什么是平行的主题呢？

一只在草地上懒洋洋晒太阳的山羊遇见了一只外出觅食的小青蛙。

山羊眯着眼睛说：“这儿的苜蓿长得太好了，吃起来水水嫩嫩的，还带着一点迷人的甜味。”

青蛙说：“那太好了，这里的苜蓿这么多，你一定很高兴。对了，你去过山脚下的那条小溪那儿吗？小溪的水清凉可口，非常解渴呢！”

山羊说：“是的是的，那条小溪的水非常清澈，里面还有很多美丽的小鱼。”

青蛙高兴地邀请山羊：“我家就在小溪旁边的大树底下，你下次过去一定要找我玩。”

山羊愉快地答应了，和青蛙成了好朋友。

青蛙当然不知道苜蓿的味道，也不明白为什么连草也可以称为“美味”。如果硬要和山羊讨论苜蓿，自然是无话可说。

在这里，山羊提出的话题“吃草”是青蛙不熟悉的领域，但青蛙却及时提出了另一个关于水的话题。这一话题既与山羊所说的“吃草”可以说是一种同类词，且有着密切的关系。因而，“吃草”与“水”就可以说是一种平行话题。平行话题的引入，让青蛙将聊天话题自然过渡到彼此熟悉的内容，既不会带来突兀的感觉，也减少了自己和山羊沟通的障碍。

所以，聊天时遇到自己不熟悉的内容，如果能够学会挖掘其中的平行话题，就会使冷场发生的几率降低很多。

曹正就是一个善于寻找平行话题的人。

一次和朋友一起在河边钓鱼的时候，朋友说：“我上个月去了一趟冰岛，发现那里的环境真是太好了！”

曹正没有去过冰岛，也不知道冰岛的环境到底有多好，很难和朋友围绕这个话题愉快交流。曹正想了想，赞同地点点头说：“环境好的地方就是让人觉得身心愉悦，我上次回老家，发现家乡的环境也治理得好多了。小河里的水也清了，村子周围都种上了树，让人看着就高兴。”

朋友听了，说：“谁说不是呢！你看咱们这个城市，也是环境越来越好了，让人感觉越来越舒心。你还记得咱俩以前经常去爬的那座山吗？现在山脚下全是树，小鸟也多了。”

接着，两个人兴致勃勃地谈论起了近几年周围环境的变化以及这些变化带给自己的感受，度过了一个愉快的下午。

在面对朋友提出的一个自己完全不熟悉的话题“冰岛”时，如果曹正不能及时找到和冰岛一样“环境好的地方”这一话题进行自然地过渡，而是围绕冰岛进行“尬聊”，就很有可能会让一次轻松愉悦的钓鱼活动陷入尴尬的冷场局面。

在工作当中，善于寻找平行话题，同样让曹正与客户之间的交流非常轻松，并由此受益匪浅。

曹正从事的是房地产行业，经常需要与形形色色的客户接触，难免会在和客户的聊天当中遇到自己不懂的问题，平行话题的引入，能够让他几乎每次都将聊天调控在一种轻松愉悦的氛围当中。

一次，迟到了几分钟的客户满怀歉意地对曹正说：

“真的很对不起让您久等了，昨天和朋友一起去攀岩实在太累了，今天早上没醒过来，睡过头了。”

曹正说：“攀岩是一项非常考验耐力和勇气的运动，虽然我也不太熟悉，但几年前看过一部《垂直极限》的电影，里面那些人的攀岩动作以及他们的挑战精神真是太酷了！”

客户听了，也兴奋地说道：“我也很喜欢那个电影，里面那个彼得以前还是我的偶像呢！”

曹正说：“我也很喜欢扮演这个角色的奥唐纳，尤其是他在《闻香识女人》中的表现，当时让我们一群年轻人都增添了对生活的激情呢！”

曹正与客户的聊天越来越融洽，在愉快的氛围中，两个人也建立了深厚的关系，为之后的合作奠定了基础。

曹正与客户交流的过程中，虽然客户提出了“攀岩”这个曹正不熟悉的极限运动，但曹正巧妙地寻找到了一个平行话题——展示攀岩运动的电影《垂直极限》，拓展了两个人的交流空间。显然，虽然他对自己几年前看过的这部电影并不是非常熟悉，但已经远高于自己对攀岩运动的了解。

在客户提出电影角色这一话题时，曹正又自然过渡到了另一个平行话题——电影角色的扮演者，并由此又过渡到大众非常熟悉的一部电影。在不断平行与客户谈话主题的过程中，两个人的交流变得越来越顺畅。

平行话题是聊天当中的秘密武器，能够让我们在遇到自己不熟悉的话题时，进行不露痕迹的过渡，巧妙化解一些不必要的尴尬。

正如伏尔泰所说："耳朵是通往心灵的路。"在寻找平行话题之前，首先就要做到认真地倾听，这样才能让我们更加准确地抓住要点，明确过渡方向。在倾听的过程中，需要判断出对方在表达一个什么样的内容，思考这一话题更为丰富、广阔的意义，并巧妙进行话题的转换。

5. 敢开口，不要害怕冷场

在聊天时出现冷场的现象，会让交流的双方感觉非常不舒服，有时甚至会有一种坐立不安的紧迫感。他们害怕因为自己的原因导致冷场，被别人说成“不会聊天”或者无趣的人。

虽然这种情绪在一些时候也会成为调动氛围的积极因素，但更多时候会成为很多人的负担，他们由于害怕自己遭遇冷场，在很多场合不敢开口说话。

然而，冷场其实也像一个“弹簧”，你强它就会弱。要想不做“冷场王”，首先就需要摆正自己的心态，敢于开口说话，不怕冷场。否则，就会错过很多与别人畅快交谈的乐趣。

小代就是一个非常害怕遭遇冷场的人，在与陌生人甚至和自己的朋友说话时，经常会害怕自己的一句话会引来尴尬冷场，让所有人感觉无聊。他常常因为纠结说什么话大家才会有兴趣的问题，错过很多和别人增进了解、拉近感情的机会。

刚上大学时，小代和一个班的刘欢、高立阳分在了一个宿舍。

经过一天的军训，大家精疲力尽，都各自躺在床上玩着手机。小代打算调动一下宿舍的氛围，和新舍友增进一下感情，却不知道用什么话来开口，害怕话题不合适陷入冷场，不知道怎样才能让大家有兴趣和自己聊起来。

在小代还在为“你们觉得咱们班这个军官帅不帅？”“你们出去吃饭吗？”“要不要一起叫个外卖？”几个话题纠结的时候，一个舍友昏昏睡去，另一个舍友默默地端起盆子去水房洗衣服了，小代只好把自己准备了半天的话咽了回去。

不仅仅是对于陌生的新同学，即使是在和自己熟悉的朋友聊天时，小代也经常会因为害怕冷场而不敢开口说话。

寒假的一个下午，一个朋友来小代家里玩，好久不见的两个人热火朝天地聊了一会儿就开始各自玩起了手机。

小代想问他在新学校的生活状况、平时喜欢看的电影等各种问题，但又害怕自己提出的问题对方不感兴趣，于是继续玩手机，陷入冷场的尴尬。

在漫长的沉默和纠结当中，到了吃饭的时间。

在饭桌上，一道熟悉的菜让小代想起了去年他们去过的一家很有意思的餐馆，想和朋友一起回忆一下，又害怕这种陈年旧事对方会不感兴趣。直到朋友也想起了这件事，兴奋地提了出来，他们才开始兴致勃勃地谈论起去年相聚的场景。

小代其实是很爱热闹，渴望和别人交谈的人。但小代的朋友都觉得他性格比较内向，从来不会主动和别人说话。就是因为害怕冷场，小代不敢开口，不敢表达自己的想法。虽然避免了因自己的原因而陷入冷场，但各种滋味却也颇不舒服。

其实，只要他自己想开了，冷场也并没有那么可怕。

人与人之间的兴趣本就各不相同，别人对我们的话题兴趣不大甚至不感兴趣都非常正常，不能因噎废食，因为害怕不好的结果，就避免开始。而一旦不再害怕冷场，就会发现，当自己真正放下了由于害怕冷场带来的压力，就更能放松自己的心情以一种轻松愉悦的姿态投入和别人的交谈当中。况且，只要敢于开口和别人交流，总能发现一些彼此感兴趣的话题。这样，冷场出现的几率反而降低了许多。

与小代相反，海琦则是一个从不担心自己会引起冷场的人。

国庆节的时候，几个朋友都回了老家，海琦独自报名参加了一个去海南岛的旅游团。

坐在车上，她才发现除了自己别人都是三五成群，或者是和自己的家人一起，或者几个朋友、同事一起。座位前后坐着几个和自己年龄相仿的人，都在好奇地看着窗外的风景。

海琦站起来，笑着说："你们几个是一起的吗？"

前面坐着的两个人回头看了看，没说话，坐在自己旁边的一个女孩子小声地说："我和后面两个是一起的，怎么了？"

海琦说："我带了一盒樱桃，一个人也吃不完，想跟你们分享一下！"

刚才说话的那个女孩子委婉地谢绝了海琦，并转身主动帮她问自己的另外两个朋友是否想吃樱桃。虽然大家由于陌生还是有一点拘谨，都不好意思吃别人的东西，但整体氛围已经比刚上车的时候好多了。

在路上，海琦也总是主动地询问他们是哪里人，哪个学校的，意外地发现自己和他们在同一座城市上大学，其中一个竟然还和自己是老乡。这样，共同话题多了起来，海琦和他们几个也就更加热情地交谈起来。

到了目的地，几个人主动邀请海琦和他们一起玩。最后分别的时候，他们留下了海琦的联系方式，甚至约好下次放假还要一起出去旅游。

和陌生人之间的交往，相比与熟悉的人交往难度要大。因为我们往往并不了解对方是否会因为自己被打扰而感到不舒服、不知道对方的性格、更不知道什么话题能够引起别人交流的兴趣。然而，如果我们因为害怕自己的发言会导致冷场而选择沉默或回避，就会错过很多结交朋友、丰富生活的乐趣。

海琦在和自己不认识的人说话时，从来都不会想自己的话没人回应怎么办？冷场了会不会很尴尬？这让她即使在对方并没有对自己的话表现出很大兴趣的时候，依然能够以一种轻松自信的态度继续交流，积极寻找共同话题。这样，她能够更轻易地获得别人的好感，让别人愿意和自己聊天。

冷场很可怕，但我们要敢于开口，不怕冷场。只有这样，才能让聊天变得更加轻松，从根本上减少冷场的发生。

第三章

避免口水仗泛滥成灾

在沟通时，能够随时以一种包容、随和的态度参与到对方的话题之中，这样才是“会说话”的表现，也能更好地赢得别人的好感与信任。相反，每次交流时都不允许对方出现与自己观念不一致的观点，把好端端的聊天变成针锋相对的辩论赛，只能让别人越来越不喜欢和你沟通。

1. 硬生生地互怼，你是害怕了吗

在别人针对你的一个缺点进行指责、批评甚至嘲笑时，你会怎么应对？急于反驳，并找出对方的缺点言辞激烈地怼回去？

不知何时，人们开始对自己的怼人能力沾沾自喜，仿佛掌握了能一句话怼到别人无言以对的能力就证明了自己的能言善辩。但事实上，怼人能力表面上是一个人口才好的一种表现，实际上却暗含着怼人者内心的怯懦与害怕。

从前有一个叫张生的人。张生因为一次偷窃被官府抓进牢狱，关了半年。出狱后，母亲泪流满面地对他百般教诲，希望他能够改头换面，重新做人。张生追悔莫及，暗暗立下毒誓，从此绝不再拿别人一针一线。

一天早上，张生去集市上买豆腐。正在结账的时候，一位顾客突然叫嚷着自己口袋里的钱不见了。豆腐店的史老板听到后，对张生说："张老弟，这次不是你干的吧？"

这句话戳到了张生的痛点，于是狠狠地怼道："我不过是上次说你的豆腐里发现了苍蝇，你不会偷拿了钱故意让我难堪吧？”

史老板听见张生把这件事抖搂出来，生气地说：“你干过这种偷鸡摸狗的事情，我的豆腐作坊可是每天干干净净的。”

张生看到史老板脸红脖子粗的窘相，继续说：“人家都说无商不奸，没准儿是你拿了人家的钱，想赚双份的呢！”

史老板本就不善言辞，此时更是气得一句话都说不上来。

张生接着怼道：“听说这个豆腐作坊本来是你大哥的，是你从人家手里骗来的。这种品行，还敢自称光明正大做生意呢！”

忍无可忍的史老板，拿起手中的木棍和张生大打出手。年轻力壮的张生，失手打残了史老板，赔了一大笔钱。

在这场争辩当中，张生无疑占了上风。对于史老板或出于无心、或出于恶意的每一句话，他都能完美地怼回去，展示了自己的能言善辩。但实际上，这种硬生生的互怼，却显示出了他内心的怯懦与害怕。他害怕别人会对自己的曾经有什么看法，害怕被别人贴上“小偷”的标签。

然而，无数的事实证明，互怼除了加深双方的矛盾之外，没有任何的好处。怼赢了，对方依旧会觉得非常不服气，时刻准备着找另一个机会证明自己。怼输了，心怀不满，对对方的不怀好意充满了怨气。

所以，在面对对方有意或无意的冒犯时，与其气势汹汹地与之互怼，倒不如避其锋芒，顺而应之，用宽容大气的自嘲来回应，巧妙地压下对方的势头。这样做，不仅能够避免与对方关系的恶化，还能够展示自己自信、从容的风度。

老焦和老韩同在一家培训机构工作，老焦负责奥数，老韩负责英语。

老韩性格外向，活泼开朗，但经常会因为开玩笑而和同事闹一些小矛盾。但奇怪的是，老韩很少开老焦的玩笑，且和老焦关系非常要好。

早上，胡乐乐走进了办公室，一向留着披肩发的她今天却梳起了马尾。老韩见了，说："胡老师，你把头发梳起来显得太有面子了！"胡乐乐不明所以，老韩笑着说："脸比平时大了一倍！"

胡乐乐听了非常生气，说："可不嘛！我的脸都快和你的鼻子一样大了。"

老韩听了，知道胡乐乐在嘲笑自己鼻子大，说道："你的脸虽然和我的鼻子一样大，但却没我的鼻子平整啊！"

两个人在办公室里你一言我一语地互怼起来，之后的一个星期谁也没搭理谁。

同样的情况发生在老焦身上，则会是另一种完全不同的情形。

中午一起吃饭的时候，老韩对老焦说：“老焦，今天我从你们班门外走过，还以为里面没老师呢。趴窗口一看，原来你正在讲台上讲课呢！只是个子太矮了，透过窗户找不见！”

老焦听了，笑着说：“上大学的时候，有一年秋天突然降温了。我们宿舍所有人都只有一个被子，但只有我觉得不冷，你知道为什么吗？”

“为什么啊？难道你比较抗冷？” 老韩感兴趣地问。

老焦说：“不是的。是因为我个子矮，把被子对折起来盖照样能盖住头和脚，相当于比别人多了一床被子！”

老韩听了哈哈大笑，再也没拿老焦个子矮的事情说过什么。

还有一次，老韩和老焦开玩笑说：“你们陕西人普通话都说不标准，前后鼻音从来不分，学生听你说话还得自带翻译呢！”

老焦诚恳地说：“只能辛苦你们多体谅了，对了，要不今天中午吃完饭，你教教我怎么发音吧！我自己也觉得有时候会因为这些发音问题在讲课的时候给学生造成了一些误解。”

……

每次面对老韩有意无意的嘲讽，老焦从不和他进行硬生生的互怼，而是能够以宽容、平和的心态对待。表面看起来，老焦似乎过于怯懦，对老韩冒犯的言语总是能默默接受。实际上，老焦的每次回应都是一种宽容与大气的表现，说明老焦能够很坦然地接受自己的不完美，自信地面对别人的批判。

当然，不和冒犯我们的人互怼，并不意味着我们就要保持沉默，任人欺凌。而是说，我们应该懂得说话的艺术。人与人之间的沟通、交流本是为了增进了解和联系，无休止地互相嘲笑、揭短，不仅没有任何意义，还暴露了自己的心虚与害怕。

真正会说话的人在遇到别人的嘲讽时，从不会靠互怼来证明自己的能言善辩、能说会道。相反，他们会用自己的语言来化解一场可能会泛滥成灾的口水仗。

2. 别老是满嘴抱怨，越怨越冤

在遇到自己感觉不满意的事情或难以解决的问题时，很多人会选择抱怨。似乎所有的不如意都是别人的过错，与自己没有任何关系，并通过抱怨让对方明白他们的错误与自己的不易。

然而，更多时候，没有人会喜欢抱怨这种沟通方式。而且，作为一种负能量，抱怨是会传染的。我们的抱怨，很可能也会引起对方的不满与抱怨。在双方互相抱怨中，每个人都会感觉自己是委屈的一方、被冤枉的一方，引发一场不必要的争吵。

狼和狐狸是好朋友，它们生活在一起。

一年冬天，囤下来的粮食眼看就要吃完了，它们都感到非常恐慌。狐狸向狼抱怨说："都怪你，每次都吃那么多！现在怎么办？"

狼听了觉得很委屈，也抱怨说："每年冬天囤的食物有一大半都是我捕获的，你囤的那点东西还不够你自己吃呢，你还好意思说我！"

狐狸说："我虽然捕猎不行，但是我不挑食啊！老鼠、青蛙、蚯蚓我什么都吃。你呢？不吃这个不吃那个，我看你接下来还能吃什么！”

狼说：“就是都怪你，入冬前你非要用十只兔子换了一桶酒，酒能填饱肚子吗？”

狐狸也不甘示弱：“要不是我那桶酒，你能适应今年冬天这么冷的环境？说起来，还不是怪你非要请狗熊吃饭，一次吃了咱们好几天的口粮！”

……

满腹委屈的狼和狐狸互相抱怨着，就连窗外接连跑过了好几只野兔都顾不上看。从天明吵到天黑，肚子饿得咕咕叫，依然没有争辩出谁对谁错，反而对彼此增添更多不满。

在现实生活中，大多数无意义的争吵都起始于类似于狼和狐狸这样满嘴的抱怨。面对困难和挫折，如果其中一个人一开始就抱着一种抱怨的想法和态度，这种负能量的想法很快就会传染给下一个人。两个人一旦开始不断地抱怨，唯一的结果就是加剧对彼此的不满以及对生活的失望。

白玲晚上加完班回到家，已经是9点多钟了。一进门，看见丈夫占平正坐在沙发上看电视。而且，当她拖着疲惫的身体走进厨房，发现桌子上却只有一袋方便面。

这时，占平说：“我今天也挺累的，不想做饭了，你先煮一袋方便面凑合凑合吧！”

白玲有点失落，说：“哪次你加班的时候我不是做好饭等着你回来吃饭的，我只加一次班，你就懒成这样。”

占平有点不高兴：“我今天虽然回来得早，但一天跑了好几个地方开会，站了好几个小时，你以为只有你自己辛苦吗？”

白玲生气地回道：“你这么累还有精力看电视呢，我就是比你辛苦多了！前天去学校给孩子送厚衣服，昨天他生病我又跑了一趟，你做什么了？”

占平不耐烦地说：“谁让你非让他去那么远的地方上学呢？当时我就不同意，你非说你去接送，现在又来诉苦了！”

两个人越说越生气，都在抱怨对方从来不为自己考虑。在不停的抱怨当中，占平和白玲都感到了莫大的委屈，谁也不肯让步，对彼此的感情也造成了很大的伤害。

每一次的抱怨，归根结底，无非是为了向别人证明自己的正确性或者别人的错误与环境的恶劣，并通过抱怨获得别人对自己的同情或认可。

殊不知，抱怨充满了负能量，是一种没有任何意义的情绪。而且，在很多情况下，抱怨都会升级成泛滥的口水仗，在相互的指责抱怨中宣泄自己的不满，耗费了大量的时间和精力，对解决问题仍然没有丝毫帮助。

明白了这些，在与别人沟通的时候，尤其是在遇到一些问题的时候，就要时刻注意自己的话语。尝试着把即将出口的抱怨转换成积极的鼓励与肯定，把负能量爆棚的话语转换成阳光、理性的话语，不但会让自己的生活充满正能量，也会让自己与别人相处得更加融洽。

放假前，建斌和同事去一家饭店聚餐。

来这家饭店吃饭的人很多，他们几个人好不容易等到一个包间，便赶紧坐下了。谁知，过了将近三十分钟，点的菜却一份都没上，几个同事开始抱怨了。

小刘说："我说去另外一家吃吧，你们非来这家，等吃完还不知道到了几点了呢！"

小曾说："我说了今天晚上吃饭的人多，让你们都早点过来，你们都不听怪谁啊！"

一向脾气暴躁的侯伟则直接大声叫来了服务员："你们这饭店怎么回事儿啊！都半个小时了，一份菜也端不上来，我们喝茶水都快喝饱了！"

眼看一场原本高高兴兴的聚餐活动就要被大家互相的抱怨毁掉，建斌站了起来，笑着说："来都来了，说那些没用的白让咱们自己心里不高兴，虽然这里上菜的速度有点慢，但沏的茶够浓啊！"

大家听了建斌的话，停止了抱怨，忍不住笑了。这时建斌对站在一边不知所措的服务员说：“我们都等了半个多小时了，麻烦您给看一下是怎么回事，可以吗？”

服务员松了一口气，赶紧跑进了厨房帮他们催饭，点的菜很快一样一样被端上来。同事停止抱怨后，整个房间里的氛围明显好了很多，在谈笑风生中，等待上菜的时间似乎也成了一种乐趣。

抱怨是一种毒药，能够让一件简单的事情发酵成复杂的争斗，能够让简单的沟通发展成为泛滥的口水仗。它是一种没有任何意义的交流方式，也是交流双方不会说话的表现，只能让自己和对方都充满委屈和不满，对解决问题没有任何益处。

所以，停止自己满嘴的抱怨吧！你会发现，减少了惹人厌烦的抱怨，也会让自己的言谈增加一种独特的魅力。

3.有一种话，说者快听者痛

在情绪激动时，争吵的两方往往会因为愤怒而说太多贪图一时痛快而对对方造成很大伤害的话。

的确，在复杂的社会环境中，每个人都是一个独立的个体，有着不同的观点与想法。每个人自身经历和世界观不同，在对待同一件事情时，自然会有着不同的看法，这就可能会引起一些争吵。理论上说，争吵也是一种互相沟通与交流的方式，通过争吵，我们可以将自己平时不敢说的话说出来，增进双方的了解。

然而，为什么在很多时候，一些简单原因引起的争吵会演变成声势浩大的口水仗呢？原因就在于我们把争吵当成了一种斗争方式，而并非一种解决问题的沟通方式。在交流当中，为了占上风而一味揭短，不断突破对方的心理防线，激起对方反驳的欲望，开始互相攻击。

最近，电视剧《三国演义》中诸葛亮与王司徒对骂的一段视频颇为流行。在视频中，两个人针锋相对，在彼此的对话中寻找漏洞，互相揭短，互相攻击。最终，这段对骂以王司徒的吐血身亡而告终。

很多人评论说诸葛亮骂得痛快，自己听得更痛快。然而，在现实生活中，可能与我们发生争吵的人绝大多数并不是不共戴天的敌人，而是身边最亲近的人。如果我们仍然不计后果，一味贪图口头的痛快而说一些可能给对方带来极大伤害的话，很可能就会让原本简单的事情扩大，严重伤害彼此的感情。

许皓晚上回到家，特别伤心地对父亲说："爸爸，我不小心把手机弄丢了。"

许皓的父亲老许半年前刚失业，家里的经济条件有点拮据，听到这个消息后，顿时生气地骂道："刚买了一个多星期就给弄丢了，真不知道你这么笨还能干什么！长脑子就是为了吃饭的吗？"

许皓本来打算向父亲好好道歉的，但听了这句话，有点生气，小声地说："不就是个手机嘛，买的时候也没花多少钱，也不至于生这么大气吧，我又不是故意的。于刚上次丢了5000块钱，人家爸爸也没像你这样大呼小叫的！"

老许听了儿子的嘟囔，更是火冒三丈："你丢了手机还有理了，我大呼小叫还不是为了你好，整天毛手毛脚、窝窝囊囊的，你怎么不说于刚学习成绩比你好呢？"

许皓不服气地回应："我窝囊还不是跟你学的，你大半年就靠卖点菜挣钱，连个正式工作都找不到。你一个大男人让我妈养活家，比我窝囊多了！"

老许气得手都开始在发抖了，大声吼道："我再怎么样这个家也是我的，哪有你说我的份。你要是嫌弃我、嫌弃这个家，就给我滚出去死在外面好了！我就当没你这个儿子！"

许皓也冲着父亲喊道："你让我滚出去我偏不滚，我还得照顾我妈呢！以后你老死在家里、病死在医院里，也别想我喂你吃一口饭！"

……

气到极点的老许和满腹委屈、不服气的许皓，原本是一对非常亲密的父子，此刻却都在搜肠刮肚地寻找可以让自己在争吵中占上风，能够"打败"对方的话语。两个人用粗暴而直接的语言直击对方的弱点和痛处，痛快地宣泄着自身的不满，直到许皓的母亲回来才勉强告一段落。

这段激烈的争吵，给双方带来的伤害都很大。在后来长达两年的时间里，他们甚至没有一次交流。其实，只要其中一个人能够在情绪激动时保持一点理智，不要为了争吵中一时的痛快而忽略对方的感受，真正地把一些无法避免的争吵变成一种沟通，而非一种斗争，结局就会好得多。

文革和李梅是一对已经结婚二十多年的老夫妻。二十多年来，他们两个人虽然也像大多数夫妻一样会发生争吵，但从来都是很快地言归于好。

文革的侄子兰天好奇地问他：“叔叔，我和妻子结婚才一年就三天一小吵，五天一大吵的，而且每次都吵得特别凶。为什么您和婶婶的关系就那么好呢？”

听了侄子的话，文革笑着说：“哪家没有勺子碰锅沿的事情呢，一家人吵吵闹闹也是可以理解的。我和你婶婶在年轻的时候也有一次吵得特别凶，恨不得把对方骂得一无是处才能一解心头之恨。那次吵完架，虽然两个人都觉得很过瘾，但不久就后悔了。我跑去你婶婶的娘家，郑重地道了好几次歉，才把你婶婶接回来。”

兰天问：“那后来你们是怎么杜绝吵架的呢？”

文革说：“吵架哪能杜绝了呢！只不过是从那次之后我们两个人订下了规定，吵架时不能说什么都提前说好了，随时注意着，后来就再也没发生过大规模的吵架了。”

“你们都规定了什么啊？”兰天感兴趣地追问道。

文革意味深长地笑着说：“第一，吵架时不能骂对方父母。第二，吵架时不能提离婚。第三，吵架时不能揭对方的短。第四，吵架时不能说脏字。……这种规定还是要根据实际情况不断增加的，总之大原则就是不要为了吵架而吵架，说一些只顾自己宣泄情绪却伤害对方的话。”

兰天听了叔叔的话，深有感触。自己和妻子之所以每次的“战争”都声势浩大，就是因为两个人在每次争吵时，都想压过对方。虽然当时两个人都觉得说出来的话非常痛快、解气，但过后即使和好了，吵架时给彼此造成的伤害也依然存在。

所以，在争吵中时刻保持一颗理智的头脑尤为重要。永远不要为了一时的口头痛快而不加选择地大骂，给对方带来不可挽回的伤害。那些说者快、听者痛的语言，往往会把问题弄得更糟。

4. 沟通不是辩论，无须针锋相对

在日常生活中，人与人之间的沟通聊天，往往只是为了交流情感、加强彼此之间的了解，有时甚至只是为了寻找一个可供倾诉的对象，诉说自己的想法与感受。所以，要想拥有一个和谐、融洽的聊天环境，我们应该更多地把关注点放在对方表达的内容上，寻找共鸣。

然而，很多人却似乎并未意识到这一点。他们总是第一时间把对方话语中与自己不同的观点找出来加以反驳，针锋相对，证明对方的错误与自己的正确，把一次普通的聊天变成互不相让的辩论赛。

一头大象和一只老虎在山坡上聊天。

大象兴致勃勃地说："上次，我带着自己的两头小象去森林东边的那块高地上玩，路上发现了一块特别大的草地，那里的草特别鲜美，我和孩子饱饱地吃了个够。等我们走到目的地，都快到中午了，你猜我们在那里遇见谁了。"

老虎慢悠悠地说："等等，你说什么？特别鲜美的草？一堆烂草有什么鲜美的，甚至还不如吃一块变质的肉呢！”

大象不服气地说：“肉多难吃啊，腥味那么重，血淋淋的。你不知道，小草带着一股泥土的芳香，而且鲜嫩多汁，又美味又解渴！”

老虎不屑地说：“那些东西一点营养都没有，真正的强者就应该像我这样，自由自在地奔跑，想捕食什么就捕食什么。”

大象生气地说：“我的力气可比你大多了，你能拔起来一棵树吗？”

老虎辩解道：“拔树有什么了不起的，你有我跑得快吗？”

……

大象原本只是想讲述自己一次愉快的游玩经历，最后却变成了与老虎之间无休止的争论。原因就在于二者在交流的过程中，过于在乎对方观点的对错与针锋相对的挑剔。

沟通不是辩论，没有必要分出谁对谁错。然而，在生活中，这种情形却一再上演。

庆富和双跃两个人从小就是邻居，后来又分到一个厂子上班。一直到退休住进了楼房，两个人依旧是邻居。然而，两个本应关系非常不错的人，却从来都是说不了两句话就开始了一场“辩论赛”。

星期天的早上，两个人一起出门散步。

庆富说：“上周我家里来亲戚，我去老李海鲜店里买了一条大黄鱼。真是又大又肥，老李海鲜店的鱼数得上是菜市场里最好的了。”

双跃说：“不见得吧！我觉得胖子家的鱼、老王头家的鱼都比他家的好，他家的东西都一般。”

庆富觉得并不是这样，继续争辩道：“快拉倒吧！挑鱼就得个儿大、肉肥，看他们两家的那些都是什么东西！”

双跃说：“个儿大的鱼才不好呢！那种鱼基本上都长了好几年了，皮糙肉厚的。你买大黄鱼怎么做的？”

庆富说：“煲汤啊！营养丰富，鲜甜可口，别提多好喝了！”

双跃不同意：“你这人一看就是吃鱼的外行，煲汤还是用黑鱼好啊。刺少、肉多，蛋白质又丰富，比大黄鱼强多了。”

庆富当然依旧是不服气，说起了黑鱼的种种缺点。

最终，两个人的聊天，依旧像往常一样不欢而散。

其实，沟通中出现观点的分歧是非常正常的。我们要依据聊天的场合和目的来对待这些差异。与同事、朋友以及家人的聊天，本就是为了交流感情和彼此了解，我们应将自己的关注点放在对方谈话的内容上。

在沟通时，能够随时以一种包容、随和的态度参与到对方的话题之中，这样才是“会说话”的表现，也能更好地赢得别人的好感与信任。相反，每次交流时都不允许对方出现与自己观念不一致的观点，把好端端的聊天变成针锋相对的辩论赛，只能让别人越来越不喜欢和你沟通。

蔡宁就是一个从不轻易和别人争论观点是非，且善于沟通的人。

一次，蔡宁陪自己的同事舒雅逛街。舒雅指着一家商店说：“我最不喜欢GD这个牌子的衣服了，又土又丑，质量差到爆，居然还在这么繁华的地段开了专卖店。”

而GD恰巧是蔡宁最喜欢的服装品牌，她一年四季几乎所有的服装，都是在GD买的。事实上，身边的人几乎都在说蔡宁穿衣的品位好，而她本人更是觉得GD最突出的优点就是质量好，自己前年买的一件大衣，到现在看起来还非常有质感。

但是听到同事的评论，蔡宁并没有急于反驳，而是笑着说：“可能每个人都有自己的审美观吧，你是在GD有过不好的购物经历吗？”

舒雅说：“对啊，我上次在他们家买了一件格子衬衫，才穿了半天，袖口就开线了。回去找他们换，那个服务员非说是我自己的原因，只能帮我缝补一下，不能换。折腾了半天，终于弄好了，我穿着回到家，我妈说颜色那么土，白给她穿她都不要。”

蔡宁说：“有时候可能就是因为一次不愉快的购物经历而影响我们对整个品牌的印象呢，我也有过这样的经历。不过没关系啦，反正也不可能每个人喜欢的东西都一样，既然不喜欢，就选自己喜欢的就可以了。”

同事赞同地点了点头，拉着蔡宁讨论起了彼此购物的一些经历，两个人你一言我一语，聊天的氛围变得非常融洽。良好的沟通模式，不仅拉近了两个人的关系，也让逛街的时光变得轻松愉快。

在聊天的过程中，发现同事与自己想法迥异甚至还有一点偏激的观点，蔡宁并没有对此进行辩解、争论，而是选择以一种包容的态度对待。在生活中，蔡宁总是能够像这样避免不必要的争论，让沟通变得简单随意，让人放松。

沟通与交流，是我们生活中与别人交往的重要方式，完全没必要把它变成针锋相对、据理力争的比赛，赢了道理，输了情义，又是何苦呢？

5. 所有的口水仗都可以叫作废话连篇

在复杂的社会环境中，每个人都是一个相对独立的个体，由于各自成长背景、生活经历的不同，自然会形成不同的世界观、价值观。在对待同一件事情时，产生不同的认识都是情有可原的，也是必然的。

很多时候，这些分歧并没有对错之分，只是理解的角度不同而已。

但是，却有相当一部分人对此不能心平气和地接受，甚至与对方大打口水仗，希望能够说服对方和自己保持相同的意见。结果，无数事实证明，这样做是徒劳无益的，说的再多，终是一堆废话。

隆冬腊月，一场纷纷扬扬的大雪飘然而至。

正在外出巡行的皇帝，在一个酒楼里围炉而坐。皇帝望着窗外银装素裹的美妙景象，心情十分愉悦，高兴地说了句："真是一场好雪！"

在旁边侍奉的官员，听了皇帝的感叹，急忙奉承道："俗话说'瑞雪兆丰年'，这完全是皇上您的瑞气，是国家的福运啊！”

街上一位过着丰衣足食的生活，刚刚酒足饭饱的财主正坐着轿子经过。财主掀开帘子，看着洁白的雪地说：“再下个几天几夜就好了！”

而此时，正坐在酒楼门口的乞丐，手里拿着空空如也的破碗，裹紧身上单薄的破布片，生气地说：“你们这些人，全都是在放屁！”

无论是皇帝、官员还是锦衣玉食的财主，都不可能体会到乞丐所感受到的寒冷与对大雪的痛恨。同样，乞丐连基本的生活都难维持，备受饥饿煎熬，也很难像他们一样有着欣赏雪花的闲情逸致。如果非要他们说服彼此，恐怕就只能进行一场没有任何意义的辩论了。

然而，在现实生活中，很多人却很明显并不能懂得这一简单的道理。一旦遇到与自己观念不同的看法，总是忍不住会和对方进行争论。而遭到质疑的一方，更会拿出自己的意见进行反驳，希望对方认同自己的说法。双方据理力争，争执不下，却始终各不相让，谁也不肯做出一点屈服。

灏明的母亲是一名语文老师，在母亲的影响下，灏明特别喜欢读书。小时候，经常因为看小说入了迷而完不成作业，为此还挨了不少打。大学毕业后，他如愿进入一家正处于创业初期的文化公司工作。虽然每天过得非常辛苦，薪资也并不是很高，但他依然觉得很充实。在灏明心中，薪资相对于精神的充实来说不值一提，能够做自己喜欢的工作，并且每天都有进步和收获，就能让自己感觉非常幸福。

过年的时候，灏明回到老家，遇到小时候的玩伴赵景。赵景的家庭情况并不是很好，母亲常年卧病在床，父亲没什么文化，依靠给工地打工挣点钱，省吃俭用，还不够给母亲买药的。所以，赵景在高二的时候，就辍学打工了。

赵景问他："灏明，现在做什么工作啊？一个月能挣多少钱啊？"

灏明说："在一家文化公司工作，现在每个月基本上能挣5000块钱左右。"

没想到赵景却不屑地一笑："5000块钱左右，亏你还是个大学生呢！你看我，高中都没毕业，只不过是跟人家学了半年修手机、修电脑的手艺，现在基本上每个月都能挣七八千呢，你挣那点钱不觉得亏吗？"

灏明说："一份工作不仅要用工资多少来衡量吧！物质生活固然不能忽视，但也得懂得精神享受啊！每天有时间读自己喜欢的书，做自己喜欢的事才好。"

赵景说："真是太幼稚了，连马克思都说过经济基础决定上层建筑呢，没钱说什么都白搭！"

灏明不服气地争论说："钱什么时候能挣完呢？

要是为了挣钱不顾自己的精神成长，天天为了挣钱而挣钱，那活着还有什么劲儿！”

争论了大半天的时间，各自说了一堆长篇大论，两个人依旧谁也没有说服谁。

灏明当然不会明白生活和金钱对于出生于贫苦家庭的赵景的意义。对于赵景而言，一份高薪水的工作，就能够让自己的家庭少一点负担，让父母过上更好的生活。而对于灏明而言，书与文学是自己的人生追求，如果没有了精神世界的富足，生活就会变得没有意义。

所以，对于不同经历和层次的人来说，妄想统一本不一致的观点而大打口水仗，说的所有话都只能称作废话连篇。而张敏就深刻地懂得其中的道理，从不和别人做无谓的争辩。

张敏是一家著名院校的研究生，毕业后进入了一家很有实力的外企工作。刚毕业时，亲戚朋友给她介绍了一堆对象，不是官二代、富二代，就是一些同样学历高、工作好、看起来有着大好前途的有为青年，但张敏一一拒绝了他们，最后嫁给了一个普通二本院校毕业、在一所私立学校教学的老师。

周围的人对张敏的做法十分不解，纷纷说她：“以你的模样和学历，找一个比他条件好上十倍的都容易，对你自己的发展也有好处。你找一个私立学校的老师，工资不如你，学历不如你，甚至家庭条件也不如你，图啥呢。”

在张敏看来，作为自己一生的伴侣，能够体贴、理解自己，有着共同的兴趣爱好就足够了，并不需要他能挣多少钱。但同时张敏明白，别人的想法也有着自己的道理，自己不可能去改变别人，就像别人很难改变自己一样。

因而，不论别人怎么说，张敏从来都是一笑了之，从不去做辩解。久而久之，别人也不再对她的生活发表意见。

口水仗之所以会泛滥成灾，绝大多数情况都是由于双方固有的价值观不同。而很多不同的观点，都有着其存在的道理。正所谓，江山易改，本性难移。况且，大多数的分歧并没有对错之分，只是理解同一事物的角度不同而已。如果为此进行无休止的辩论，只能是废话连篇，没有任何作用。

第四章

笑点模式大于一切痛点模式

快乐的话语能够给人们带来无尽的舒适享受，似春雨滋润着人们的心田，似夏雷惊醒即将走上歧途的念头，似秋霜包裹着燥热的内心，似冬雪给人们带来纯洁美好的感受。很多时候，快乐的沟通与交流还可以缓解尴尬的氛围，四两拨千斤，把难堪轻松化解。

1. 人都是趋利避害的，更是趋乐避痛的

日常生活中，人们总是会倾向于对自己有着积极影响的一方，心中的天平也会向着有益于自己的一方倾斜。但是，拥有了交流对象后，交流的过程又该如何控制呢？这就需要一种友好的交流方式来引导人们之间的对话了。

随着互联网的不断发展，人们的交流方式也日益增多，但最基础的交流方式依然是语言交流。那么，选取一种直接而友好的讲话方式就能搭建一座沟通的桥梁了，而这种讲话方式其实很简单，仅仅是一个很常见的词——快乐。

那么，什么是快乐呢？

新华字典里对于快乐有着这样一个定义：“感到幸福或满意”。然而，短短的一句话并不能概括这种微妙的心态。对于人类而言，快乐是一种不可或缺的心灵感受，当快乐来临时，人们表现在外的是微笑，因此，微笑可以作为快乐的一种表现符号。

但微笑就能代表快乐吗？不是的，可能许多人的外在表现的确在微笑，但内在的心态便是如鱼饮水，冷暖自知了。

茂密的森林里有一条小路，这条小路坎坷又曲折，

带着骆驼载货队的商人常常从这里经过，曲折的小路常常牵绊住长长的商队，整日愁闷的商人便因此更为苦恼了。但是这位商人每次从这条小路经过时都会碰到一个砍柴的樵夫，与愁容满面的商人不同的是，这位看起来可以称作是穷苦的樵夫却总是带着满面的笑容。

这天，商人依旧带着长长的队伍经过这条路，但这次他终于忍不住了，停下来和樵夫谈起了令他困惑许久的问题。

商人走到樵夫面前对他说："小伙子，我有个问题一直想请教你一下"。

樵夫用眼神示意商人继续说下去。

商人接着之前的话题问道："为什么虽然你看起来穷得叮当响，但你依旧这么快乐呢？难道你拥有不为人知的宝藏吗？"

樵夫被这句话逗得捧腹大笑："我也想不明白，为什么你这么富有却每天闷闷不乐呢？每次见到你，你都是一副苦闷的表情，是遇上什么难处了吗？"

商人并未被樵夫的笑容触动，依旧保持着苦闷的表情："我虽然拥有着很多财富，但我却觉得自己在精神上很贫穷，我要怎样才能像你这样每时每刻都被快乐包围呢？"

樵夫听到这里仔细地思考了一会儿，对商人说："我虽然没有太多财富，但我却时刻都能感受到一种温暖存在，我有我的家人，他们都很爱我，因此，我常常感到很快乐。”

商人又追问道：“那你一定拥有一个温柔贤惠的妻子吧？”

樵夫笑了笑说：“我还没有成家。”

此时，商人十分笃定地对樵夫说：“那你一定是拥有一个与你感情稳定的心上人了。”

樵夫摇摇头又否定了商人的话语：“没有，但我确实拥有着一件宝贵的财富，我将它视为我一生中最珍贵的礼物，因为这件礼物来自于我心爱的那位姑娘。”

商人露出了好奇的神色，问道：“她送了你什么让你如此念念不忘呢？她是送了你一件定情信物吗？是她的一个香吻还是……”

樵夫想到这件宝贵的礼物不禁露出了微笑，带着很幸福的表情对商人说：“这件礼物是她离开这个地方之前向我送来的深情款款的一个眼神。”

商人露出了诧异的神色，不可置信地睁大了眼睛：“仅仅就是这样吗？这样一点小事就令你感到知足了吗？”

樵夫笑着点了点头，说话间他已收拾好了这一天所砍的柴，背上柴和商人告别之后就走远了，空留下仍是一脸诧异的商人在原地。

商人想了很久之后豁然开朗，原来，虽然自己拥有了万贯的财富，但自己却犹如生活在地狱之中，而樵夫则与自己恰恰相反，贫穷的樵夫却仿佛生活在天堂。而地狱与天堂之间并非相隔甚远，而是仅仅隔了一个快乐的距离。樵夫用简单的几句话就破解了一直以来萦绕在他心中的难题，让商人的心境由地狱渐渐地步入了天堂。

在人生的不同阶段，对于快乐有着不同的定义。儿童时期，攒满的存钱罐，沉甸甸的，里面装的仿佛不是硬币，而是满满的快乐。但长大后，人们对于快乐的要求似乎高了一些，不是不想追求快乐，而是快乐变得不再触手可得。但是在日常交流的过程中，人们往往保存着这种基本的讲话方式，即通过快乐的讲话方式让语言变得生动，说出的话语也更能令人信服，让人心情愉悦。

尤其是批评对方或者提出不同意见时，可以用愉快的方式，表达自己的观点，进而产生回味无穷的效果。

汉武帝晚年时，精于研究“长生不老之术”，遍寻长生不老药。一日，他在朝堂上问群臣说：“最近我翻阅了很多相书，书中有云：人中越长，命就越长，人中长一寸，能活过百岁。不知你们对此有何见解呢？”

东方朔一听，不以为然，甚至忍不住露出一丝浅笑。汉武帝见状，有些生气地质问道：“你是在笑话朕吗？”

东方朔赶紧跪下，认真地解释道：“微臣不敢，我是突然想到了彭祖的脸，忍不住就笑了出来。”

汉武帝疑惑地追问道：“彭祖怎么好笑了？”

东方朔回答说：“《神仙传》中有记载，那彭祖活了八百岁，若真如皇上所说，那他的人中估计至少得有八寸那么长，彭祖的脸居然丈把长呢！”汉武帝听后，捧腹大笑起来。

东方朔用三言两语就化解了汉武帝的盛怒，用幽默的方式回答了汉武帝的问题——既回答了汉武帝对于长生不老研究的疑惑，又用嘲笑彭祖的方式幽默地讽刺了长生不老的荒唐。但正是这种幽默的说话方式，带给彼此更多欢乐，也不至于尴尬或者愤怒。无疑，这是一种沟通能力，掌握了这种说话技巧后，所说出的话语也带着更大的说服力，更能让对方感到共鸣。

因为人们的心境一直都是趋利避害，且趋乐避痛的。

2. 春暖花会开，笑语惹人来

快乐的语言可以给人们带来一种欢乐的心理状态，在这种心理状态下，人们更容易卸下心防，轻松地交流。

笑容代表着一种心态，一种积极乐观的心态，当一个人带着这种乐观的情绪来迎接生活时，生活才会给予人们最温馨的馈赠。

而很多时候，幽默代表的是一种正能量，人们通过讲述快乐的话语把气氛调节到最舒适轻松的状态，这种气氛下的人们会产生一种信任，也会发自内心地愿意进行更多交流。

某个小镇里住着一个富翁，他虽然拥有着富可敌国的财富，却并不快乐。与之相隔不远的街道里，住着一个六岁的小姑娘，一次偶然的机会，他们在街道上迎面相遇了。

与富翁垂头丧气的表情相反的是，小女孩在路边蹦蹦跳跳，带着天真无邪的笑容。富翁在看到小女孩的一瞬间就被这样的笑容感化了，如梦初醒的富翁想着："为什么我不能像这个小女孩一样无忧无虑地生活呢？

每天微笑是一件多么幸福的事情呀！”与小女孩儿交流过后的富翁带着笑颜回到了自己的住所。

第二天，富翁决定去外面的世界寻找快乐，在他临走之前，他给这个小女孩儿送去了一笔巨款。

小镇上的人们对此诧异万分，纷纷过来询问小女孩儿：“难道他是你的某个亲戚吗？他为什么给你这么多的钱财？”

小女孩儿思考了一会儿才想到富翁给她巨款的原因，微笑着说：“我并没有给他什么呀，只是和他聊了一会儿天”。

人们连忙追问他们当时的对话，要小女孩儿转述给大家听。

小女孩儿歪着脑袋想了想，整理好思绪之后才开口：

“富翁当时很不开心的样子，问我为什么每天都这么开心呀，我当时笑着对他说‘因为我没有不开心的事情呀，如果快乐可以传染的话，我愿意把我的分给你’，富翁又拍了拍我的头，问我不怕把快乐都分给别人之后自己没有了吗？我说不怕呀，快乐只会越来越多，越分享就越多。

“后来他对我说了一句‘你充满快乐的话语感动了我，将我多年以来的顾虑和郁闷一扫而空’”。

人们恍然大悟，原来对于富翁来说，钱财并不能给予他完整的生活，为了追求快乐他可以放下手中的一切。也许，小女孩儿的话语对他们来说构不成太多感动，但是对于缺乏快乐感的富翁来说，小女孩儿充满快乐的话语令他感受到了前所未有的慰藉。

快乐的话语能够给人们带来无尽的舒适享受，似春雨滋润着人们的心田；似夏雷惊醒即将走上歧途的念头；似秋霜包裹着燥热的内心；似冬雪给人们带来纯洁美好的感受。很多时候，快乐的沟通与交流还可以缓解尴尬的氛围，四两拨千斤，把难堪轻松化解。

在一场京剧里也有一个和幽默有关的小故事。

京剧《智取威虎山》里面有着这样一段戏：威虎厅里，土匪为测试真假，和杨子荣之间有这样一场暗语对话——

“脸怎么黄啦？”

“防冷涂的蜡。”

“脸怎么又红啦？”

“容光焕发。”

剧本里正确的对话是这样的，但是在演出的时候，土匪由于紧张把台词错念成了这样：

“脸怎么黄啦？”

“防冷涂的蜡。”

“脸怎么又黄啦？”

这下杨子荣不能直接按剧本里来对话了，但是观众们却看过很多次了，对于这段台词可以说是倒背如流了，察觉到了土匪的失误，观众们都在看着杨子荣怎么机智地应答。

谁知，台上的杨子荣却是不慌不忙，从容地应答：

“防冷又涂了一层蜡。”

台下顿时爆发出一阵笑声。

故事里，杨子荣的扮演者用幽默轻松的话语把尴尬的场面化解了，不仅替土匪扮演者解了围，还把现场的气氛营造得轻松愉快。表演者将熟练的经验和幽默的话语相结合，说出了令大家捧腹大笑的话语，还有的人仿佛天生就带着幽默的细胞，能说出许多令人感到快乐的话语，不仅能令大家的心态变得更加轻松，还可以化解许多尴尬的场面。

有一家人决定从农村搬到城市，便带着自己的孩子到城里租房子住，他们苦苦找了一整天，一直没有找到心仪的房子，不是房子太小就是价格太贵。在夜幕降临的时候，这个三口之家终于来到一个较为合适的地方，他们小心翼翼地敲开了大门，问道：“请问我们可以租您这里的空房子吗？”

开门的是一位老太太，她看了看这对年轻的父母和五岁的小孩子，温柔地拒绝了他们的请求：“实在抱歉，我的屋子不租给有小孩的人。”

年轻的父母很失望，无奈地拉着孩子准备离开，但是把这一切都看在眼里的小孩却轻轻地甩开了父母的手，跑回门口，再次轻轻地敲了敲门。

老太太把门打开之后，看到了这个小孩子，依旧用温柔的口气询问：“怎么啦？”

五岁的小孩和父母奔波了一天，但是在他脸上却看不出有什么疲惫的神色，他精神饱满地对老太太说：“奶奶，我可以租您的房子吗？我没有孩子，只有两个大人。”

老太太听后露出了一个笑脸，她看着小孩子的脸，只考虑了一小会儿就答应了他们租房的请求。

小孩子用带着童真的语气说出了幽默的话语，在让老太太感到快乐的同时，也让老太太明白了他是个懂事的孩子，不会过多吵闹影响到老人的生活。这样的幽默不仅能使人发笑，还使对方生出一种信任感，也化解了父母的窘境。

生活中也是一样，一句幽默的话语对于不同的人来说有着不同的分量，但一句话不够的时候，我们可以给对方更多快乐的话语。幽默的语言不需要任何成本，只需我们稍稍动一下脑筋就能给彼此带来无尽的快乐。

快乐的话语也往往带着一种感染人的力量，所经之处都能被快乐“传染”，温暖万分。

3. 幽默可以快速调节气氛

在生活中，交流是沟通彼此之间的一座桥梁，但是在不同的人群中，这座桥梁也呈现着不同的形式。而这座桥梁是宽是窄、是长是短则完全取决于彼此之间的沟通技巧了。

沟通有着多种多样的形式，选取一种适合的沟通技巧就显得至关重要了。网上有这么一句话：“当你单方面觉得和某个人聊天比较投机时，那么，对方的智商要高过你自身。”这句话更深层的意思就是：对方的聊天方式比较受人欢迎，当他使用他的交流方式来与你交流的话，你通常会比较吃这一套。

那么这种交流技巧是什么呢？其实很简单，只有两个字——幽默。

众所周知，萧伯纳先生是一位优秀的剧作家，但他被广大群众所熟知的原因则是他身上的另一个闪光点，那就是幽默。

他可以在许多公众场合将针对他的尖锐话语轻松地大事化小、小事化无。

在一个慈善晚会上，聚集着当时社会各阶层大大小小的名流，当然，萧伯纳先生也在场，而且他邀请了一位女士进入了舞池。

这位女士十分傲慢，对谁都带着一种高傲的神色。她虽然拒绝了许多男人的邀请，但是当面对赫赫有名的萧伯纳先生伸出的一只手时，她没有经过太多思索便接受了萧伯纳先生的邀请。

只是，这位女士依旧带着一副不可一世的表情，那种傲慢的神色如同她赏识了萧伯纳先生一般。

当舞曲响起时，两个人自然而然地在舞池中央随着音乐起舞了。这时，这位女士依旧带着高傲的语气对萧伯纳先生说："大名鼎鼎的萧伯纳先生啊，你为什么会想到要邀请我来与你共舞呢？是被我绝世的美貌和高贵的气质折服了吗？"

萧伯纳先生则故意装出一副很惊讶的样子来："哦，女士，你怎么会产生这样的想法呢？但事实却完全不是这么回事。"

萧伯纳先生的话语顿时让这位女士惊讶了，对自己的外貌很有自信的她带着诧异的神色问道："那么事实又究竟是什么呢？"

萧伯纳先生收起了惊讶的神色，故作郑重地对这位女士说："我的上帝，您忘记了吗？这是个慈善舞会啊。"

女士听完萧伯纳先生的"反击"后，脸有些红，但还是有些不好意思地对萧伯纳先生笑了笑。

萧伯纳面对这位高傲女士的挑衅，不仅没有失去自己的风度，反而用幽默化解了对方的恶意——女士认为自己最美，和萧伯纳共舞是给萧伯纳面子，但是萧伯纳却将自己和她一起跳舞这件事情比作自己在“做慈善”，仅用三言两语就轻松地把对方不怀好意的挑衅还给了对方，把尴尬的气氛融解在了笑语里。

许多演讲者基本上都是幽默的，同时很多成功者也都是充满了幽默感的。人们用幽默的话语来调节沟通的气氛，最终往往能够更快、更好地达到自己想要的效果。

在很多场合里，我们时常会遇到针对自己的人，这些人往往一张口就营造出一种针锋相对的气势，但此时恼羞成怒不仅不会带来良好的社交效果，反而会让这些人洋洋得意，这个时候只要运用一种幽默的交流技巧，说出的话语不仅欢快，而且还能轻松地将对方的攻击巧妙化解，达到一种轻松交流的效果。

在一个小镇上，有相邻的两家店铺，分别是一家面包房和一家黄油店，这个面包房的面包师常常到隔壁的黄油店购买黄油。

突然有一天，买完黄油的面包师走在街上时，觉得手里的黄油轻了一些，不像有3磅重的样子。于是，走回店里面包师把黄油重新称了一下，果不其然，黄油并没有达到自己原本支付的3磅的重量。面包师觉得，也许是今天黄油店里的师傅看花眼了，或者是有一部分的黄油粘在了秤上，所以面包师并没有过于在意，但是却养成了每次买完黄油回家后都要称一称的习惯。

不曾想，在接下来的日子里，黄油总是分量不够。也就是说，面包师每次都付出了3磅的价钱却并没有得到相应重量的黄油，认为自己多付了钱的面包师终于忍无可忍地起诉了隔壁的黄油店。

审判当天，面包师和黄油店的老板分别站在法官的两侧。

法官听了面包师所陈述的内容后，对着黄油店的老板问道：“先生，您的店里难道没有一架天平吗？”

黄油店的老板摇了摇头：“不是的，法官先生，我的店里有天平。”

法官听到这里，接着问黄油店的老板：“那么，您的天平的砝码准确吗？”

黄油店的老板依旧摇了摇头：“不，法官先生，我不需要砝码。”

法官听到这里，露出了略带诧异的神色，接着问道：“那么，没有砝码的话您又是如何称量这些黄油的呢？”

黄油店的老板摊了一下双手：“这很好办啊法官先生，就在面包师从我这里购买黄油的时候我也需要购买他家的面包。我一直需要的面包的重量恰好和他要从我这里买走的黄油一样重，于是，当他来购买我的黄油时，这些面包就变成了我天平的砝码。但是，如果黄油的重量依旧不对的话，那么这件事就不是黄油的问题了，而是‘砝码’的问题了。”

这时，坐在下面听审的一些人不约而同地笑了起来，而法官不用思索也能知道这件案子应该如何评判了。

因此，许多时候面对他人造成的尴尬气氛，用幽默便能轻松破解，无需太多复杂的技巧，只要将尴尬的话题轻松地抛还给话题的发出人，就能达到预想的目的，幽默二字就是带着这种巨大的魔力。

幽默的说话方式像是一阵春风，柔和地把所有的尴尬化解在欢声笑语里，现实中带着幽默的说话技巧与人交流，说出的话语也会轻松愉快，对方也更加容易接受。

幽默将所有的针锋相对都变成了如沐春风，所有的压抑气氛只要用对幽默的方式就能快速地调节为轻松的交流环境。

4. 过度的玩笑，不说也罢

每一种表达方式似乎都带着语言发出者的感情，不同的表达方式则传达出了不同的情感。

有时候，人们为了调节气氛而开一些较为轻松的玩笑，但开完玩笑之后的气氛是否轻松则完全取决于开玩笑的这个人的玩笑话是否合适。换言之，玩笑不是可以随便开的，要注意场合和说话的分寸。

许多人都知道说话要张弛有度，开玩笑也一样。当身处于公共场合时，人们为了把气氛调整到轻松愉快的状态，难免会开一些无伤大雅的玩笑，但当这些玩笑在不自知的状态下带着攻击人的色彩时，说出的玩笑话自然地就变了味道。

小张在一家私企工作，公司规模虽然不算很大，但是每个人都能准确无误地叫出对方的名字，也就是说，平日里，大家的感情都还不错。

最近，公司里新转来一个职员，这个职员一进公司就留在了一个平时工作量不大但是工资却不低的岗位上。大家最初对此议论纷纷，认为这个职员是不是老板的什么亲戚呢？不然怎么会有这么好的待遇呢？

一开始，大家都不太愿意和这位新来的小刘有太多交集，但是面对小刘不时的稍微带有示好的举动，大家都有点动摇了。和小刘相处几天下来，大家都觉得小刘是个心直口快的热情的年轻人。

小张工作的位置距离小刘比较近，两个人又都挨着门，经常一起出门到公司楼下帮加班的同事买咖啡和小零食，久而久之，两个人也成了很好的朋友。

但是，小张和小刘相处久了也发现了一个问题，小刘并不是心直口快，而是根本分不清说话的轻重，不懂得拿捏分寸。

小张来自偏远的农村，父母都是农民出身，自己一个人来到大城市打拼非常不容易，每个月交完房租水电，再给父母打一些钱回去的话自己已是捉襟见肘，因此有时候大家“合资”的聚餐她很少参加。

有一天下班后，大家又提议出门吃饭唱歌，小张依旧是委婉地拒绝了，大家知道小张家里的情况，也没多说什么。这时，小刘突然开口：“哎呀，咱们去消费就行了嘛，还叫上张姐干嘛呀，人家还有农民爹妈要养呢！”

说完就自以为很好笑地笑了半天，但是大家都用一种怪异的眼光看着她，小刘这才意识到自己开的玩笑好像不太友好，便打着哈哈说道：“哎呀哎呀，大家不要当真嘛，我开玩笑的啊。”

还有一次，下班的时候和同事们经过公司门口，保洁王阿姨一直在笑着和他们打着招呼。王阿姨小时候的先天性小儿麻痹没有治好，两条腿不一样长，大家都看在眼里，经常有事没事帮她一把，就在大家打完招呼要出门时，突然听到了后方的一声尖叫，尖叫后又传来一阵刺耳的声音：“哎呀，王姨您一出来吓我一跳，您这腿就跟我小时候使用的不一样长的筷子似的，太搞笑了，哈哈。”

温柔的王姨只是笑了笑，没说什么。但大家却都对小刘曾经说过的话印象深刻，一开始，大家也都有意无意地提醒过她，但她一直没怎么注意，或者说她根本就不知道自己做错了什么。她说出口的这些话在她看来只是玩笑，但在大家看来，这种攻击性的话语已经不仅仅是玩笑了，更像是羞辱。因为这种过度的玩笑就像是一柄利剑一样，直接戳到了对方的心窝里。

面对着没什么“悔改”态度的小刘，大家也渐渐放弃了劝说的念头。为了“保护”自己，大家也都渐渐地拉开了和小刘的距离。

小刘用锋利的言语刺伤别人，可能于她而言不过是“和对方开了个玩笑”，想要引起大家的注意和笑声，但对于被开玩笑的人来说，就不是这样简单的事情了。开玩笑也要有分寸，要把每个玩笑都控制在这个“度”里面，说出的话才不至于这么伤人，也就不会失去一些原本亲近的朋友了。

那么，怎样的玩笑才算合适呢？或者说，平时为了调节气氛，应该如何把持开玩笑的这个“度”呢？这里有几条建议，不妨参考一下：

1.开玩笑要分人。正如世界上没有相同的两片树叶一样，也没有完全相同的两个人，每个人都是独特的存在，因此，要根据每个人不同的性格来选择是否要和对方开玩笑。和大大咧咧且宽容的人可以为了调节气氛适当地开一些玩笑，但是，对于那些内向的人来说，有些不必要的玩笑还是不说为好。

2.开玩笑要看时间。平时闲散的时候大家互相开开玩笑，把气氛调整得活跃一些，大家的心态也会放松，有什么事大家笑一笑也就过去了，但是当正处于上班时间或者对方正忙的时候，最好还是不要去打扰了。

3.开玩笑要注意对方的脸色。常言道：人逢喜事精神爽。当沟通对象心情不错的时候，开几句玩笑则能更好地调节一下气氛，与对方一起分享一些好笑的段子，不仅可营造欢乐的气氛，两个人的关系也可能更进一步；但是，当别人心情不好的时候，能不上去添乱就安分地做一些自己的事情吧！

4.开玩笑要看场合。当处于较为开放的半私人空间里，与对方开开玩笑则能使双方的心态放松，使谈话的效率更高；但是，当处于一些很安静或者很严肃的场合，比如图书馆，或者医院，这样正式的场合，还是不要开过多玩笑为妙。

5.开玩笑要注意内容。如果内容是风趣幽默或者情调高雅的话，在一些社交场合说出来比较合适。另外，社交活动中，切忌用别人的生理缺陷来开玩笑，这样只会让人认为你是把自己的快乐建立在其他人的痛苦之上，给人留下一种“小人”的形象。

与他人的交流中还是要注意开玩笑的分寸，当这个度不能完全把握时，不如把想说的几句话咽回肚子里。有时候，过度的玩笑，不说也罢。

5. 该自嘲时，可以大胆大方一点

幽默一直被奉为聪明人的说话之道，而自嘲又被人们称作是幽默的最高境界。

自嘲二字的字面意思就是自己嘲笑讽刺自己的一种策略，但其中却隐藏着更为深刻的含义和作用。例如，当有些话语对自己带着明显的攻击性时，稍微采取一些自嘲性的话语便能将其轻松化解；当聊天的气氛变得尴尬时，不如大方地调侃一下自己，自嘲有时也能渲染出欢乐的气氛。

张先生是一个很会自嘲的人，周围的人都觉得和他交流十分轻松，有什么话也都乐意和他分享。当处于社交场合时，免不了会有一些尴尬的局面产生，但是他却能三言两语就轻松化解这种场面。

张先生虽然五十岁了，但行走时腰板挺直，也没有啤酒肚，常年架着一副金属边框的眼镜，头顶的头发已经不是很多了。

在一次活动上，张先生和一群人坐在一起喝酒，服务生来倒酒的时候不小心把酒洒在了张先生的头上，正好洒在了中央没有头发的位置上，大厅里灯火通明，晶莹的水珠在灯光下闪着光亮，旁人们都有些吃惊，服务生瞬间被吓得手足无措，气氛一时有些尴尬。

只有张先生像个没事儿人一样，不慌不忙地从手边拿起一张纸巾把头擦干，动作堪称优雅，而服务生的腿都有些轻微地发抖了。

然后，张先生慢条斯理地对服务生说："小兄弟，你真的认为这种治疗脱发的方法还会有效吗？"说完还煞有其事地伸手朝服务生的肩膀上拍了拍："我早就试过啦，没有用的。"

一番话把现场的人逗得哈哈大笑，服务生也没之前那么害怕了，连连道歉。张先生大方地摆了摆手示意服务生下去了。

张先生对自己的秃头进行了一番巧妙的调侃，这种自嘲的语气不仅帮助服务生解了围，还避免了自己被动处于尴尬的场面，而且把现场原本有些紧张生分的气氛调动到了轻松愉快的状态，真是一举三得啊！

幽默的人懂得用自己的短处开玩笑，对于自己的短处不是遮遮掩掩，而是把它当成一个笑话来讲给全世界听，运用夸张的手法营造一种轻松的局面。这是一种乐观超脱的心态，所以要做到自嘲必须首先摆脱自卑的心态。

有这么一位学者，虽然出版过很多著作又非常有文采，但是身材很矮，偶尔会遭到朋友们的嘲笑。

有一次，他在出门前，老婆也笑眯眯地提到了他的身高。

这位学者笑了笑，说：“如果不是我只有一米五七的身高的话，现在怎么能著作等身呢？如果不是因为我个子矮，我们平时拌嘴时你能次次用武力威胁达到胜利吗？”

说完老婆就笑了，他也大方地摆摆手就出了门。

在他某次演讲时提到了这件事，台下的观众也都哈哈大笑，此后，便很少有人用身高来嘲笑他了。

自嘲不仅能缓和气氛，有时候还可以缓解交流对象的压力，给自己带来一种人情味儿。那么，如何合适地进行自嘲呢？这里有一个小例子：

古代有一位学士，姓石。

一次，他骑驴的时候不小心从驴上摔了下来，旁人都替他感到尴尬，一般人在此时肯定会不知所措，但是这位石学士却是不慌不忙地站了起来，拍了拍身上的土，笑着说：“幸好我是石学士，要是瓦的，还不得摔成碎片？”

石学士的一句话引得在场的人都哈哈大笑起来，石学士也在自嘲中免去了自己的尴尬。

生活中我们也可以用类似的自嘲手段，以此类推，如果不小心摔倒的是一位胖子，那么这个胖子就可以说："还好我有这一身肉，不然还不得把我的骨头摔碎？"如果摔倒的是一个瘦子，瘦子就可以说："还好我比较瘦，重量也比较轻，不然岂不是会被摔成一个大肉饼？"胖子和瘦子通过调侃自己的身材达到了让自己摆脱尴尬的目的。

鲁迅先生曾写过一首名为《自嘲》的律诗：

运交华盖欲何求，未敢翻身已碰头。

破帽遮颜过闹市，漏船载酒泛中流。

横眉冷对千夫指，俯首甘为孺子牛。

躲进小楼成一统，管他冬夏与春秋。

当遇到使自己感到难堪的事情时，不如大方地讲出来，这样既摆脱了难堪的感受，又能达到一种幽默的效果，从而把气氛调节得更轻松。

人际交往中，有时候与人交流会容易让对方感受到压力，这个时候不如开开自己的玩笑，这些带着些自嘲的话语可以帮对方缓解一下由紧张带来的压力，让对话顺利地进行下去。

著名的戏剧家翁偶虹在生前对自己的一生做过这样的总结——是读书种子，也是江湖伶人。也曾粉墨涂面，也曾朱墨为文。甘作花虱于菊圃，不厌蠹鱼于书林。书破万卷，只青一衿；路行万里，未薄层云。宁俯首于花鸟，不折腰于缙绅。步汉卿而无珠帘之影，仪笠翁而无玉堂之心。看破实未做，作几番闲中忙叟；未归反有归，为一代今之古人。

大师这种自嘲式的总结带着一种豁达的人生观，这正是一种自信的表现，通过对自己某方面的贬低来达到幽默的自嘲，这也正是智者的一种体现。

可见，许多人在一些场合下善于自嘲。处于新环境时，用自嘲的交流方式很容易拉近彼此之间的距离；当气氛紧张时，用自嘲的交流方式则能“化干戈为玉帛”；当谈话中感受到敌意时，用自嘲的交流方式便能婉转地将其化解。

自嘲现已成了社交中必不可少的交流要素，这种方式可以给语言的发出者带来一种谦虚的气质，是一种“四两拨千斤”的巧妙方法。

善于自嘲的人往往都带着一种豪放豁达的气势，在人与人的交往中，通常也带着一种其他人较为缺少的人情味儿，交流起来也更加轻松。尤其是大胆自嘲的人则常常带着一种自信的感觉，气场也比较足。当交流遇上小困难的时候，敢于坦诚地调侃一下自己，这种自嘲式的沟通与交流可以帮助自己缓和紧张的情绪，以帮助对话进行得更加顺利。

因此，该自嘲的时候，不妨大胆大方一点。

第五章

切记，每个沟通对象都是明星

真诚的赞美充满了催人上进的能量，它甚至能重塑一个人的灵魂。发自肺腑的赞美是一个个优雅轻快的音符，谱写出了世界上最动听的旋律。因此，在与人交流时，赞美一定要做到发自内心，每一句赞美的话都要切合实际。

1. 让你的沟通对象充满优越感

在与周围人的相处中，沟通是必不可少的一件事情。而且，沟通又是一件极其具有技巧的事情，比如，“真话不全说，假话全不说”有时候就是一种与人相处更为愉快的交流方式。

你会发现，亲密的沟通，往往会拉近你和朋友之间的距离；贴心的沟通，会让你的长辈对你赞不绝口；成熟的沟通，会让你的同事欣赏你；有效的沟通，会让你的上司看重你。

也就是说，很多时候只有让你的沟通对象充满优越感，你才算是一个真正会说话的人。

所以，现在人们对于沟通愈发地小心翼翼，甚至很多人开始畏惧沟通，更有甚者只敢躲在社交软件后面张牙舞爪，因为他们害怕被拆穿。但是如果我们懂得了沟通的技巧往往既可以掌握沟通的主动权，又能让你的交流对象有一种优越感。

有一个国家的小公主生病了，每天唉声叹气，郁郁寡欢。很多大夫为公主看病却不知公主为何总是那么虚弱。

有一天晚上，她跑出房间去找国王，娇憨地和国王说：“父王，我觉得外边的月亮很好看，我想如果自己可以拥有月亮的话，那么我的病就会好起来的。”

国王听了小公主的话大喜，赶紧召集了全国最聪明的智士与勇士，让他们去想办法拿到月亮送给小公主，待到小公主病好之日必有大赏。

于是，无数能人志士为怎么拿到月亮绞尽脑汁。

皇宫的总理大臣对小公主说：“尊敬的公主，月亮远在三万五千里外，它比公主的房间还要大，而且是由熔化的铜做成的，我们要拿到月亮简直比登天还难啊。”

小公主听了之后很是生气。

一位游荡街头的魔法师说：“尊敬的公主，月亮距离我们有十五万里远呢，是用绿奶酪做成的，香香浓浓的，但是它比皇宫的两倍还要大呀。我们要准备一个非常大的地方才能放得下。”

公主听了叹了一声气。

又有一位数学家说：“月亮远在三万里外，形状又圆又平像是铜钱一样，整个月亮有半个王国那么大，还被粘在天上，是拿不下来的。不如公主换个东西要好了！”

公主又摇了摇头。

国王听了这些人的建议很是气恼，只好叫来宫廷表演的小丑来给他表演解闷。小丑听说了公主想要月亮，结果所有人的答案都不能让公主满意之后，他有了自己的想法："如果那些有智慧有学问的人说的都对的话，那么每个人心目中的月亮都是不一样大的，距离自己也不一样远，制作材料也不一样。所以当务之急是问明白小公主心目中的月亮有多大、多远、是什么材料制成的。"

于是，小丑向国王请求去见公主一面，他声称自己知道怎么拿到公主想要的月亮。国王听了很好奇他会怎么做，便同意了小丑去见公主的请求。

小丑来到公主房间探望公主，并且向公主询问："月亮有多大呢？"

"大概比我的拇指的指甲小一点吧！因为每天晚上我只需要把拇指的指甲对着月亮就可以把它给遮住了呢。"公主说。

小丑又问："那它有多远呢？"

"不会比窗外的那棵大树高！因为有时候它还会卡在树梢间。"公主开始手舞足蹈，显得兴致很高。

"用什么做的呢？"

"当然是金子呀！因为月亮很亮金子也很亮啊！"公主斩钉截铁地回答小丑。

之后，小丑有了以下总结："比拇指指甲还要小，比窗外的那棵树还要矮，用金子做的月亮！这就是一个金子做的挂坠呀！"

于是，当天晚上小丑找了个金匠打造了一个小月亮，还穿上了金链子，送给公主当项链。公主特别高兴，第二天病就好了。

这个故事讲了小公主想要月亮之后发生的一系列事情，但同样是沟通，前面三位智者的答案都不能让公主满意。而小丑为什么却能够一下子就猜中对方的想法呢？因为小丑懂得优先考虑对方的想法，让对方感受到话语间是以她为主，让小公主产生了一种优越的心理，在心情愉快的状态下轻松地表达了自己想要的东西。

每一次的沟通我们都觉得自己表达得很清楚明白，但是事实上可能是对方对你的表达充满了误解，与你的思考方向南辕北辙。而你要去做的不仅仅是与对方正常沟通，理解对方的意思，而且还要让你的沟通对象充满优越感。

例如，有时候我们刻意地压低自己去抬高对方，也不失为一种让对方充满优越感的沟通技巧。

刚刚入职一年多的小张，就被提升为业务经理。

于是，她和她的未婚夫一起请闺蜜们吃饭。她的闺蜜们早早就来到了餐厅等待，准备替姐妹把把关。快到约定的时间时，小张和男朋友手拉着手走进了餐厅。

俩人一落座，一位姐妹率先“发难”：“虽然你是海归，工作也不错，薪水也不少，但是你以后可不能欺负她。”

男士笑道："别提什么海归不海归的，只是在国外多游了几年罢了，给自己镀了层金。再说我也不敢欺负她啊，她是我的司令，我愿做她的'小海龟'。"

一时间，大家都被逗笑了。又有个闺蜜八卦问道："听说你供职于世界五百强的大公司，还是高管？"

他又笑着说："其实大公司升职加薪都比较慢，还是你们在的那种小公司比较好，工作时间相对自由，只要干得好，升职加薪也相对较快。"男士不断刻意压低自己的身份，让大家感觉心里很舒服，没有了距离感，还感到一种优越感。所以他说完，大家从心理上很快接纳了这个海归男。

有一位法国哲学家罗西法古曾经说过这样一句话："如果你要得到仇人，就要表现得比你的朋友优越；如果你想要得到朋友，那么你就要让你的朋友表现得比你优越。"这句话大体上的意思是说，与人和谐相处之道，就是要记得让别人时刻都能获得一种优越感，而不是用自己的优越感去打压朋友。

你给了对方优越感，他就会觉得这是你对他的一种肯定；反之，如果你时时都表现出你的优越感，则会给对方带来一种自卑心理，甚至对你产生莫名的敌意。

与人相处就已经如此复杂，而与人沟通更显得尤为重要。而且与人沟通也是相同的道理，让你的沟通对象时刻充满优越感，这是一种智慧的体现，也是一种语言的技巧。

2. 不吝赞美，不时赞赏

人们把语言作为与他人交往时的沟通媒介，每一句话都带着自身特有的力量感染着交流的双方，进而创造出一个可供交流的小环境。在这个小环境里，双方说出的话语不免会带着自身的感情，因为带有感情的表达方式才更具说服力，但也并不是所有的语言给人的感受都能直击对方心灵。

在所有的表达方式中，最能触动人的是赞美的语言。赞美赏识对方时，首先要肯定对方的想法，然后顺着对方的想法，带着赞美的意味接着说下去，这样往往能达到不错的效果。

有一个父亲，十分爱自己的孩子，对孩子有着很高的期望。可现实却偏偏事与愿违，孩子在很多方面都达不到父亲的要求。于是，这位恨铁不成钢的父亲带着孩子来到了一家知名的心理诊所。

面对心理医生的种种询问，孩子始终低着头，紧抿着嘴唇一言不发。无论心理医生怎样引导，他都不肯认真回答医生的问题。

而后，心理医生向父亲了解到了孩子平时在家时的种种状态。原来，孩子不愿开口说话不是因为过于内向，而是因为父亲的教育方式出现了问题。

在家时，孩子如果有什么事情没有完美达成的时候，迎来的不是父亲的安慰与指导，而是喋喋不休的抱怨。于是，孩子的内心长久以来就积压着一种“我不行”的想法，遇到事情不是想着去战胜，而是如何逃避。

这样的想法对于孩子以后的生活非常不利，心理医生思索着如何寻找一个突破口来对孩子的心理进行疏通。

他的父亲却早早地泄了气，不停地在旁边说：“唉，早知道会这样，这孩子什么长处都没有，我就不该对他抱有太大的希望！”

听到这里，孩子本就低着的头一下子几乎是埋到了衣服里，脆弱的脖颈更是弯曲到了一种不可思议的弧度，仿佛轻轻伸手一掰就能断掉。

心理医生自然不会这么认为，孩子就像一张白纸，遇到什么色彩便会画出什么色调的图案。更何况，世界上怎么会有没有优点的人呢？随后，心理医生就和父亲进行了更深入的交流。

在和父亲深入交流后，心理医生终于找到了一个突破口。其实，这个孩子在家爱拿着刀子玩，家里很多家具都被孩子拿刀子划出了深浅不一的口子，孩子因为这种事情没少挨骂。但在心理医生看来，这并不能被称为是什么坏习惯，反而能当作心理医生入手疏导的切入口。

心理医生当即让自己的副手到市场买来了一套雕刻工具，并把这套工具送到了孩子手中，教会了他雕刻的技巧后温柔地对他说："你是我见到的所有孩子中最具有艺术感的，你对艺术带着独特的热情，在我认识的所有孩子里，你雕刻的技术是最棒的！你想想看，你还没有真正学过雕刻就已经大放异彩了，这不正是说明了你对雕刻有着很高的天赋吗？如果你能静下心来好好研究的话，将来一定能成为艺术大师！"

孩子第一次听到这样温柔又肯定的话语，顿时红了眼眶，对着心理医生坚定地点了点头。

此后，医生和孩子的接触慢慢多了起来，在后来的交流中，医生也发现了孩子的许多优点。当然，这些优点都被心理医生用赞美的口吻说了出来，孩子的眼睛也一天比一天有光彩。

有一天，这个孩子的父母惊喜地发现，孩子居然把家里里里外外都收拾了一遍，父母都高兴坏了，当天就来到心理诊所告诉了心理医生。医生问及原因时，孩子略带害羞地红了红脸："因为我想让你们都高兴。"

后来孩子渐渐摆脱了自卑无助的心理，慢慢地长成了一个活泼开朗的少年。多年以后，果真应了心理医生对他说的那句话，成了一个很出名的艺术家。

赞美的话语可以帮助人驱逐黑暗的心理，像阳光一样和煦地照耀着人们。赞美带来的感受是温暖的，这种温暖的力量使人变得强大。

人与人的日常沟通也是这样，带有赞美的话语往往能使对方卸下防备，这样才更容易接受自己的话语，也更容易在心灵上接纳自己。有时候，对别人发出赞美时，往往能收获到很多美好的效果，让世界都变得美好起来。

有一个女孩子，因为矮胖的身材被合唱团的老师和同学们排除在了团体之外，伤心的小女孩独自来到了公园，面对着空旷的草坪唱了一首又一首歌曲。

小女孩儿从下午唱到了傍晚，终于唱累了，正要回家的她在转身时忽然看到长椅上坐着一个老人。害羞的小姑娘正要道歉，谁知老人突然对她说："小姑娘，你唱得真好听，非常感谢你让我度过了一个原本无聊的下午。"

听到这里，小姑娘甜甜地笑了。

此后，小姑娘常常在下午来到公园，和老人一起，一个人静静地坐着，一个人在前面唱着歌。每次小姑娘唱完之后，老人都会笑着对她轻轻点点头，头顶的白发无声地晃着，仿佛带着一种无声的肯定在鼓掌喝彩。

许多年后，小姑娘成了一位知名的歌唱家。她想起了那位常常听她唱歌的老人，便动身去公园寻找。可是公园里的长椅还在，老人却没了。

这时一位路人经过，告诉这个女孩："你找这个老人吗？他呀。他是个聋子呀，都聋了二十多年了，前段时间刚刚去世……"

姑娘惊呆了，原来老人并不是被自己的歌声吸引的，不过也正是老人带着赞美的一席话帮她重拾了对歌唱的信心。如果当年没有遇到这个老人的话，现在的自己也许会变成一个自卑脆弱的人，自己的命运也在老人的赞美下悄悄改写了。

赞美带着强大的力量，一句赞美的话语甚至能改变一个人的一生。在与别人沟通的时候，千万不要吝啬自己的赞美，该赞赏时一定要大方地说出来。

3. 给予对方关注、理解和尊重

在日常与他人交流的时候，尽量不要把自己的姿态放得太高，这样不仅增加了两人之间的距离，而且很容易使他人感到反感。压低自己的姿态后，不仅使沟通更加容易，还能展现出自己身上良好的素养，既有礼貌又有着涵雅的气质。

而压低自己姿态的一个简便的方式就是在关注对方的前提下，最大程度地理解和尊重别人，这样别人与自己交流的欲望才会高之又高。

国外流传着这么一个故事。

故事发生于一家著名的大企业里。在一个天气爽朗的下午，一个打扮得十分潮流的中年女人带着一个哭哭啼啼的小孩子来到了一个名为“亚联集团”的大厦下的小花园，直到他们坐在长椅上时，小孩子的哭声一直没有停止。

小孩子的哭声一直在持续，中年女人的耐心也被哭声磨得消失殆尽了，不住地冲着小孩子说着什么。从她的脸色可以得知，她应该是在训斥这个小孩子，但伴随着阵阵训斥声，小孩子的哭声越来越大。

离长椅不远处有一位头发花白的老年人在清扫垃圾，听到这边的动静后，手里不停挥舞着的扫帚停顿了一下，他扭头看了一眼，随即想上去劝说几句，但是刚迈出两步的脚突然停住了。

原来，这个时候中年女人似乎是看不下去哭得满脸泪水的小孩子了，从包里掏出一团白花花的卫生纸，在孩子脸上随意蹭了两下就随手扔在了地上。

女人似乎发现了老人的存在，扭头看了老人一眼之后，又面无表情地把头扭了回去。老人并没有说什么，而是默默走上前去把纸捡起来扔进了垃圾桶里。

女人还在接着训斥小孩子，孩子的哭声也一直没有停止，甚至有愈演愈烈之势。没过多久，女人又往地上扔了一团卫生纸，老人依旧默不作声地走过去把纸团捡起来，回到原处继续着自己先前的清扫工作。不久，女人又往地上扔下了第三团纸……不多时，女人已经往地下扔了七八团卫生纸，老人也不胜其烦地来来回回捡了七八次。

女人的训斥工作也差不多到了尾声，这时，她为了给自己的责备来一个“霸气”的总结，伸出一只手指指向了不远处的老人：“看见没有！你如果不听妈妈的话、不好好学习的话将来就会变成这样一个没出息的人，天天起早贪黑地做着低贱的工作，还要被别人看不起!”

老人依旧没有生气，平稳地走上前来，对这位女士说：“夫人，这里是亚联集团的内部花园。按照规定，只有亚联集团的内部员工才可以进来。”

女士露出了傲慢的神色，趾高气昂地对老人说：“那是当然，我是这家集团的一个部门经理，就在这座大厦里上班！”

女人一边朝老人说着，一边冲老人甩过去一张名片。

老人不卑不亢地从地上捡起那张名片，扔进了垃圾桶里，转身时拨通了一个电话。

女人见状十分生气，觉得没有受到应有的尊重，站起身来便要走过去同老人理论。

这时，远处突然有一个西装笔挺的男人小跑着向这里奔来，随即恭敬地站在了老人身前。

老人这时开口对这个西装男说道：“现在，我提议免去这位女士于亚联集团的职务。”

西装男毕恭毕敬地点了一下头。

中年女人已是目瞪口呆，老人并未理会她，而是蹲下身来，慈祥地对着小孩儿说：“人不仅要懂得好好学习，更重要的是，要学会怎样尊重别人。”

说完后，再也不理会身后的人，转身向大厦门口走去了。

女人很是诧异，问这个一身西装的男人：“为什么你会对一个清洁工这么尊敬呢？”

男人神色复杂地看了她一眼："他并不是什么清洁工，而是亚联集团的总裁，你难道不认识吗？"

中年女人的神色一下阴沉下来，瘫倒在长椅上什么话也说不出来。

这个故事的重点并不在于老人有多么深藏不漏，而是中年女人本身对于老人的不尊重。试想一下，倘若这个女人对老人有一点尊重的意思，事情又怎会发展到如此地步？这一切的根源不仅在于中年女人的不礼貌的举止，更是因为她那番不懂得尊重人的话语。

每个人都是独一无二的存在，不能因为觉得自己优越就看不起别人，从而说一些不尊重人的话。

与人交流带着理解和尊重的口吻更容易被别人接纳。《礼记》中就提到："君子贵人而贱己，先人而后己。"带着理解和尊重说出的话比平淡语气下说出的话动听得多，人们也对于带着尊重的话语更加喜闻乐见。

刘备正因为懂得理解和尊重的重要性，三顾茅庐，最终请到卧龙先生出山为其指点迷津；北宋文学家杨时与好友游酢深知理解和尊重，在拜访老师程颐时看到老师在屋内打盹儿，不忍打扰，站在门口等候，这才有了"程门立雪"的佳话；孔子知晓理解和尊重这几个字的重量，在拜访老子时再三行礼，回到鲁国后还向弟子们赞叹："鸟，吾知其能飞；鱼，吾知其能游；兽，吾知其能走。走者可以为网，游者可以为纶，飞者可以为矰。至于龙，吾不能知其乘风云而上天。吾今日见老子，其犹龙邪！"。

在话语间充满了对他人的理解和尊重的人，才能够赢得他人的理解和尊重。理解和尊重的交流方式不仅可以体现出一个人良好的修养，还能展现出这个人更深层次的内涵，这样对方才会有接着往下交流的兴趣。

在很多方面上，理解和尊重言语将社交场合的乌烟瘴气一扫而空，取代而之的则是令人心旷神怡的水木清华。

无论何时，多说一些理解和尊重对方的话语，将会让人与人之间联系得更为密切。

4. 间接性地赞美对方渴望被认可的地方

有人说，怀有期待是这个世界上最美好的事情。期待本身就是一种充满了希冀的心理表现，人们为了给这种情感带来一种心灵上的慰藉，自然而然地创造出了一种情感慰问方式——赞美。

赞美包含了人们对于已知和未知事物的期待和热爱，简单的两个字蕴藏着无比强大的力量。例如，赞美有着超乎人们想象的吸引力、推动力，简单的一句赞美，如同叮咚的山泉，可以把人们干涸的心灵滋润得柔和万分。

赞美不光指话语，有时只是一个微笑、一个眼神，只要渴望感知的对方接收到这种被肯定的情感，就会流露出愉悦的表情。这样间接的方式有时候甚至会产生更为强大的力量，给人以最大的鼓舞。

有这样一个小孩子，他的心里始终怀着一个疑问——为什么自己的同桌想得第一名时轻而易举地就能成功，而自己在努力之后仍然只考了二十多名，难道自己真的不如别人吗？

很久以来，这个小孩子都显得有些自卑，这样的问题始终都问不出口，久而久之，这变成了小孩子的一个心结，他经常偷偷和自己的同桌进行比较，但是自己和同桌的行为明明没有什么太大的差别：老师布置任务时，两个人都认真记录；有作业的时候，两个人都会努力完成，甚至他觉得自己下的功夫要超过自己的同桌，但结局一直都不尽如人意。

又一次考试来临，这个小孩考了十七名，可是同桌的名次依旧挂在榜首。这个小孩子仰着头看着成绩单上第一排的数据，感觉这样的位置是自己无法企及的，浑身充满了无力感。

垂头丧气的他终于坚持不下去了，在学校哭着问自己的老师："老师，我是不是真的比别人笨？为什么我怎么努力都不能成功？我真的比别人差吗？"

老师当时温柔地摸了摸他的头，轻轻地否定了他的问题："没有人会是真正的笨，只是你还没有找到自己的学习方法。"

小孩儿似懂非懂地回了家，老师看着他的背影觉得有必要稍微进行一些积极的干预，便带小孩子请了半天假去了海边。

在海边，老师找到一位陌生人，并告诉这个陌生人有个小孩子需要他的帮助，和陌生人讲述了事情的经过，陌生人表示很乐意帮助这个小孩子。

小孩子来到海边后始终带着迷茫的神色，有些不知所措地和老师一起坐在海边。这时，有一个“陌生人”假装无意地坐在了小孩子的身边，指着正在涨潮的大海给他看：“小朋友啊，你看海水是不是突然涨高了呀？”

小孩子怯生生地不敢答话，转头看了看老师，得到老师的一个微笑之后才张了口：“是……是的。”

这个“陌生人”又接着对小孩说：“你看这些在海边抢食物的小鸟们，当海浪拍过来的时候，小小的灰雀总能以极快的速度飞起来，旁边的海鸥在对比之下就显得相当笨拙，它们腾空而起需要小灰雀几倍的时间，但是，真正能跨过海洋飞到彼端的还是海鸥。”

小孩子懵懂地点了点头。

这位“陌生人”接着说：“你也一样啊小朋友，也许有时候你不太像那些稍微努力就能夺得桂冠的人，同样的事情可能你需要很久的时间才能完成，有时候甚至完成度还不如别人。但是，这些事情都能变成你的积累，这些经验都将变成你成功路上的垫脚石。和体育竞技一样，有的人适合百米冲刺，有的人则适合马拉松。或许你的爆发力远远不如别人，但是我觉得只要你能坚持下去，这场持久战就能打得漂漂亮亮。”

从海边回来的孩子似乎变了一个人，平日里总是半闭不睁的眼睛闪着前所未有的光芒。尽管后来的日子里，他的成绩没有名列前茅，但一直以认真的态度来对待生活中的每一件事。

日子过得很快，这个小孩进入中学刚开始的那段时间，虽然也一直没能超过他原来的同桌，但是他的成绩却一直在缓慢地提升。后来，再也没有人担心他的成绩了，这个原本自卑内向的孩子以全校第一的成绩考入了重点大学。

老师虽然没有将这些话直接告诉小孩子，但是却通过一个陌生人的转告让这些话的可信度大大提升。老师作为小孩子很相熟的人，如果直接告诉小孩子的话有可能会伤害到小孩子的自尊心，但通过陌生人之口说出的话就带着一种令人信服的感受了。

这不就是一种间接的赞美吗？人们期待于自己的长处被人看到并且认可，这个时候，面对充满希望的眼神，千万不要让里面的火光熄灭，而是要适度地给予对方一些赞赏，让其中的点点火光燃成熊熊烈焰。

这种类似于“二手赞赏”的话语往往带有着更大的真实感。所谓“二手赞赏”，顾名思义，就是不直接对某个人进行言语上的赞美，而是通过另一个人来进行自己的“赞美工作”。大多时候，转述的方式更能令人感到赞美的真实性。

再者，由于赞美本身就是真挚的情感表达，因此，在赞美他人的时候，不可以抱着虚伪的态度去撒谎，否则只会得不偿失。赞美要带着一种不求回报的心态去进行，如果带着某种目的的话，只会令自己看起来虚伪又自私。

有时，间接地赞美也具有着强大的力量，这样的赞美甚至可以洗涤一个人的灵魂，让整个人的思想升华。间接赞美更像是一把纯金打造的钥匙，能帮人打开内心紧闭的那扇门，门后藏着的，则是无穷的能量，这些能量能帮人渡过一个又一个难关，把通往未来大道上的阻碍一扫而光。

在与别人交流的时候，不要吝啬自己的溢美之词，尤其是赞美一下对方渴望被发现和认可的地方，其实不需要太大的成本，有时仅需一句话、一个微笑，或者一个眼神，而这样简单的沟通方式的背后，却蕴藏着巨大的鼓励。

5. 每一句赞美的话都要有理有据

在日常生活中，赞美可以说是促进交流的“润滑油”，适当的赞美拉近了人与人之间的心灵距离。

要知道，每个人天生都喜欢听到别人的赞美，渴望一种认同感，一旦有了这种情感上的共鸣，我们便能毫不费力地和对方进行情感交流。

但是，并不是所有的赞美都具备着这种强大的力量，因为赞美带来强大认同感的一个前提就是真诚。

字典里对赞美的解释是这样的——发自内心地对于自身所支持的事物表示肯定的一种表达。这句话里的重点一眼就可以辨识到——发自内心——一种真诚的情感抒发。所以，不带真诚的赞美可以说是一种为了达到某种目的而进行的某种手段，这种带有虚伪色彩的言辞并不足以称之为赞美。

张笑今年初二，是班里公认体育成绩最差的学生，每次学校开展运动会等活动项目，她都会被指责“拖后腿”。因此，班里的学生经常抱怨她，久而久之，她便什么运动项目也不愿参加了，每到举办运动会时，她就自己躲到一个小角落，一言不发。

五一劳动节又快到了，学校要举行一场规模比较大的运动会。体育委员拿着本子统计报名人数时，走到张笑身边，用一种怪异的口吻说：“张笑呀，过几天你家里有事，运动会没办法参加了对吧？”

张笑只能点点头，体育委员一边吆喝着一边走向了下一个人。

而且，班主任对这种行为也是保持着默认的态度，似乎大家也都这么期待，生怕一个不小心被拖了后腿。

不久后，班里换了一位班主任，是一位温柔的女老师。女老师姓刘，说话很和气，总是满脸笑容。

刘老师上任没多久，学校又要举办运动会了，和踊跃报名的很多同学不同，张笑默默地坐在自己的位置上，一言不发。

刘老师见状，把张笑叫进了办公室，轻柔地问道：“张笑，你为什么不报名参加运动会呀？”

张笑低着头不知所措，紧张地答道：“我……因为我家里有事情。”

“真的吗？”刘老师温柔地问道：“可是老师还是希望你能参加这次运动会，这是集体活动，每个同学都是班里不可或缺的成员。”

张笑的头低得更厉害了，嗫嚅道：“因为……因为我跑步很慢，什么项目都不擅长，不想拖大家的后腿。"

刘老师了然地笑了笑，接着问道："你知道眉毛的作用吗？"

张笑抬起头，露出了一个茫然的表情，刘老师看到她一头雾水，解释道："当人们运动的时候，额头上的汗珠会往下滑，如果没有眉毛进行阻挡的话，汗水就会直接流进眼睛里。"

张笑理解了眉毛的作用，但还是不知道刘老师想对她说些什么。

"世界上的每一个人都有其存在的意义，"刘老师轻轻地说："所以啊，老师也希望你能在这次集体活动中发挥出自己的作用。"

"我自己的作用？可是我跑得又不快，我要怎么发挥自己的作用呢？"

刘老师笑着举起了张笑的手，示意她看向自己的手指："你看，就像手指一样，不能因为大拇指比别的手指短就否定它的存在，对不对？"

张笑突然就明白了刘老师话里的含义，点点头兴奋地跑了出去。

整个运动会期间，张笑担任了班级的宣传委员，在赛场的每个角落认真观察，把每一件小事都用自己的笔写下来，整理成文章送到学校的广播室。

等到运动会结束后，学校照例举行了一次广播稿评比，令人吃惊的是，全校收到的广播稿里，有接近一半都来自于初二六班的张笑同学。不出所料，初二六班拿到了本次运动会的最佳宣传奖。

同学们也第一次在运动会上朝张笑露出了赞叹的神色，纷纷向她竖起了大拇指，再也没人认为她是拖后腿的了。张笑站在人群中间与不远处的刘老师交换了一个笑容。

刘老师用赞美激发出了张笑的斗志，让人不禁感叹简单的语言有着如此强大的力量。刘老师用眉毛和手指这样的实例告诉张笑，她的存在是有价值的，同时也鼓舞她找到了发挥自己价值的动力。有理有据的赞美有时候就是能最大程度地激发人奋进，因为这是一种发自内心的、真诚的赞美。

法国著名作家大仲马在年轻时有过一段穷困潦倒的时期。他流浪到了巴黎，希望自己父亲的朋友能帮助他渡过难关。

“对数学了解得透彻吗？”父亲的朋友问。

他羞涩地摇了摇自己的头。

“历史或者地理呢？”

他依旧摇头。

“那么法律呢？”

他还是只有摇头。

面对着长辈的询问，他都以摇头来作为应答，甚至面对着一连番的询问，他的脸也红了起来，自己好像没什么优点，这样怎么能找到工作呢？

父亲的朋友见状，连忙说："我总要帮你找一份工作的呀，这样吧，你先把自己的住址写下来，等有了合适的工作我就通知你。"

他在纸上急急地写下自己的地址，羞愧得转身就要离开，却被父亲的朋友从后面一把抓住了手臂。

"你的字写得很好看啊！这就是你的优点啊！怎么可以仅仅只找一个可供糊口的工作呢？"

他陷入了迷茫，但是父亲的朋友的眼里却透出了肯定的神色。于是，他心想，既然自己能把名字写得令人称赞，就一定能把字写好，写好了字，就离写好文章的距离又近了一步啊！

豁然开朗的他回去后果然开始了勤加练习，数年后，终于成了享誉世界的作家。

父亲的朋友根据大仲马写下的寥寥几个字就发现了他的优点，并对此进行了适当的赞美，才激发了大仲马写文章的信心。也正是因为父亲朋友的赞美是有理有据的，才能让大仲马找到共鸣，从而奋发向上，最终获得成功。

真诚的赞美充满了催人上进的能量，它甚至能重塑一个人的灵魂。发自肺腑的赞美是一个个优雅轻快的音符，谱写出了世界上最动听的旋律。因此，在与人交流时，赞美一定要做到发自内心，每一句赞美的话都要切合实际。

第六章

不做自媒体，放大参与感

生活中，总有一些人扬言要做最真实的自己，便自以为自己的缺点也包括在“最真实”的范畴之内。久而久之，便形成了一种自以为是的心态，把口无遮拦当作解放天性，殊不知，这种“唯我独尊”的心态是万万不可有的。

1. 聊天时，懂得让位更要懂得让嘴

《礼记》曾记载过：“君子约言，小人先言。”意思是有道德的人在说话时会再三斟酌，而品德低下的人总喜欢夸夸其谈。

生活中，总有一些人扬言要做最真实的自己，便自以为自己的缺点也包括在“最真实”的范畴之内。久而久之，便形成了一种自以为是的心态，把口无遮拦当作解放天性，殊不知，这种“唯我独尊”的心态是万万不可有的。

在旁人看来，这种行为恰恰是爱钻牛角尖的表现——看到别人买了一条新裙子，便抨击对方又矮又胖、没有气质，不适合穿裙子，买来也是浪费；看到别人吃了一顿好饭，便攻击对方奢侈没内涵；看到别人谈个对象，都能扯出一堆别人对象的缺点，这里不如张三，那里不如李四……但说到底，这种人就是活得太自我，不懂得用灵活的方式来表达自己的观点。

现实生活和工作中，只有懂得说话，且懂得如何说话的人才能受到更多人的接纳和喜欢，从而促进生活品质的提升和工作的进步。不得不承认的是，生活中那些会在合适的场合说话、合适的时机沉默，而且说话让人舒服的人，往往更受大家欢迎；而那些说话不懂得让位和让嘴的人，则常常给人带来不满甚至厌恶的感受——刚刚营造出了融洽的聊天气氛，转眼间就被一些刺耳的话语给突然搅和了，这样的话语不仅会使人不满，甚至有可能会愤怒。

魏先生就见到过类似的事情。

有一次，他去学校参加孩子的家长会，左右两边分别坐着一位家长，一位是A同学的妈妈，另一位是B同学的爸爸。整个家长会期间，A同学的妈妈始终带着一种异常兴奋的情绪，左顾右盼，四处插嘴。

当听到前方的一个家长抱怨孩子成绩不理想时，她一脸得意地冲着前方炫耀："那就有点差劲了，我家孩子比你家孩子强多了。"

前面的家长听了以后什么也没说，只是露出了一个礼节性的微笑，转过头不再同她讲话。

不多时，又听到后桌的孩子数学考得一般，她又开始扭头向后酸道："如果因为孩子反应慢，成绩才这么差的话，再怎么补课也没有办法，天生的。"

这位家长显然没有上一位家长的好脾气，直接反驳道："退一万步来讲，就算你说得有道理，但我的孩子我自己会管，怎么培养他是我的事情，与你没什么关系吧？"

此时，周围的家长都想远离她，不太想和她有过多交流。面对着周围家长明显躲避的神色和动作，她不仅没有适可而止，反而又转过头找到了另一个沟通目标——B同学的爸爸。

魏先生不动声色地转过了身子，可身侧的B同学的爸爸却没能来得及躲开，受到了一轮语言轰炸。

“你们家孩子这次考得怎么样啊？我家孩子成绩可好了，这次考了全班第七呢，哈哈，以后你家孩子有什么不会的地方可以来问问我孩子啊。”

B同学的爸爸明显不太想与其搭话，但直接忽视这位喋喋不休的家长难免会显得自己没有修养，便含糊其辞地回答孩子的成绩有点退步。

A同学的妈妈自然不想放弃炫耀的“大好时机”，连连追问。

面对A同学的妈妈的穷追不舍，B同学的爸爸只用一句话就让A同学的妈妈在接下来的交流中哑口无言。

“孩子作文没写好，成绩下降到了第二名。”B同学的爸爸不露声色，但旁边的家长却隐隐透出了钦佩之意。

很多时候，像A同学的妈妈这样不懂交谈艺术的人，其实并不是不知道别人的想法，而是不愿意在乎别人的感受。她们追求的是令别人低头的那种咄咄逼人的快感。

掌握分寸的交流应该是善意的，懂得给别人留有余地，明白别人的尴尬就及时止步，而不是利用别人的尴尬变本加厉。

一家公司里，当大家围着新婚的小灵开玩笑，说她不仅人美老公还有本事时，她的好朋友小李在一边起哄让小灵直接打电话叫老公过来，给大家带一点礼物，让大家看一看什么才叫好老公，不知情的同事们也跟着欢呼和鼓起掌来。

小灵推辞着并没有掏出手机，委婉地拒绝了小李的要求。大家都看出来小灵的不情愿，毕竟这种事情也涉及了隐私，便都不再起哄，想要开始下一个话题。

小李依旧不依不饶，冲大家大声说道："小灵老公是农村的，还要挣钱养活父母，哪有时间来我们这，大家还是玩自己的吧。"说完自以为好笑地大笑出声，但现场却安静得出奇，大家都用一种奇异的眼光看着小李。

小李意识到场面的尴尬，急忙解释道："我就是性子直，瞎说话，大家千万别介意。"

自此后，小灵再也不和她聊一点私人的事，并且大家也都有意疏远了她。

而且这也不是她第一次"耍性子"了。有次部门例会，大家都在反映经费紧张，希望领导增加资金。

小李却在会议上脱口而出："小张你上次不是还和我说你出差捞了600外快吗？"她倒是逞了口舌之快，最后却导致小张当月的奖金都被取消，还交了2000元罚款，连提议也被否决了。

讲话不仅要懂得分辨说话的场合，还要懂得让位，更要懂得让嘴。不合时宜、不懂得适可而止地说话，不仅是对别人的不尊重，也是自己没有素质的体现。久而久之，我们便会发己的朋友圈越来越小，真心和自己交朋友、甚至交谈的人会越来越少。

说话有修养并不代表可以放开自我，而是让自己变得更加可以让人接受。懂得替别人着想，学会寻找合适的时机来说出合适的话，避免让与自己交谈的人感到尴尬，才能让彼此的感情更加持久坚固。这不是作假，也不是显摆自己会说话，而是努力让自己的话语成为一股春风，使别人感到温暖，而不是像凛冽的寒风一样，到处伤人。

有时候，仅仅因为一句话说错了，就能导致两个人的人生再也没有交集。

无论何时，在交流时都要摆正自己的心态，不能因为逞一时之快就牙尖嘴利地伤害别人，而是把自己的位置摆低一些，要懂得让位，更要懂得让嘴。

2. 放大参与感，不设一言堂

人是群体动物，在日常生活和工作中，与人沟通交谈是生活中不可缺少的一部分。除非要把自己关在一个独立的空间里不与任何人交流，否则谁都免不了要与他人沟通。那么如果想让对方感到愉快放松或者达到想要的效果，聊天也是要讲究方式方法的。

聊天是人与人之间的语言交流，也就是说每个人都有发言权，要给每个人都留有说话的机会，不应该为了发表自己的见解就设一言堂，唱独角戏，忽略最起码的互相尊重。

有时人们会不由自主地去多说话或者插话、抢话，以此来刷自己的存在感，但这并不是正确的方式，甚至有可能给他人造成厌恶感，不利于与他人的沟通与相处。

有这样一个戏剧性的小故事。

一个上班族，进入社会已经有好几年了，但他却老是很懊恼，总是孤零零的一个人。生活里没有很要好的朋友，工作时和同事的相处也不是很融洽，总感觉自己融入不了群体，不善于和他人沟通，于是他开始寻找这其中的问题。

一天上班中午休息时，办公室的男同事都聚在一起聊天，聊起了各国的篮球运动员，大家纷纷讲出了自己喜欢的运动员，如科比、詹姆斯等，接下来就是什么投球姿势、快攻速度、空中大招、团队战术等相关讨论。你一言我一语，整个办公室一片欢声笑语，大家聊得热火朝天。

但明明和大家坐在一起的他却一句话都没有说，在高低不同的交谈声音中他显得格外渺小，丝毫没有存在感。

其实，并不是他不想与大家聊天，而是他根本说不上话，谁是詹姆斯、什么是卡点急停跳投，他都一无所知，从来没有了解过如何和大家有共同话题。

于是他悟出了原因，就是自己懂的太少，必须有自己精通的强项才好与别人聊起来。

没过多久，大家又聚在一起聊天，这次他主动找了话题，说起了各国的足球队，这可是他这几天恶补的信息，于是表现出自信满满的样子。刚开始的时候大家都注视着他，听他侃侃而谈，但是半个小时过去了，他一直沉浸在自己的世界里口若悬河，别人很难插话。

中途有个同事说自己知道一点儿关于中国足球的信息，可是他却马上打断了同事的话，说不是这样，开始滔滔不绝地说起了自己的见解。

聊天结束后他一直都很开心，连吃饭的时候都在笑，觉得自己终于融入了大家，也可以和大家自信满满地聊天了。但是没想到的是，第二天上班时同事们竟然更加不愿意和他讲话了，连吃饭时都没有人和他坐在一起了。

他再次苦闷起来，不知道为什么自己已经有能力和别人畅快地聊天了，却依旧得不到大家的认可。

过了些时日他重新发现了问题的所在，他认为自己应该多了解些大家都喜欢的东西，和大家有了共同语言之后才能更好地交谈，不能老是自己说，要和别人一起聊，一起交流才可以。

有一天，公司组织团建，整个部门的人都坐在一起，闲聊之余，身旁的同事建议大家可以玩一玩“真心话，大冒险”的游戏，增强一下饭桌上的愉快感。

听到这里他心里暗喜，这个游戏自己可是很拿手的，于是立马站起来接话：“这个游戏很有意思，我们玩一下吧，就是放一个酒瓶在中间，瓶口转到谁谁就需要从真心话大冒险中选择一项来执行……”

一串详解后经理委婉地说桌面上转酒瓶不太好，还是用别的方法来选人吧。于是对面的女同事提议用“报7”的方法来选人，女同事正要解释规则时，他又接上了话，紧接着就念念有词地解释了“报7”的游戏规则。

对面的女同事拿起水杯喝了口水，遮挡了自己略带尴尬的神色。其实在座所有人都玩过“报7”的游戏，只不过是想让每个人都能发言，参与到整个游戏当中，让气氛更加活跃起来。然而，面对着这位上班族的不停抢话，大家多多少少都有些尴尬。

最后游戏也没有顺利玩下去，大家都只和自己身边熟悉的人聊了聊天，吃完饭后就各自散了。

这个故事虽然只是生活中很小的一件事情，但从中不难看出，与人交流时，不是说话多，能接上别人的话就可以，正确的方式方法还是很重要的。

试想，如果故事中的他不一味地通过突出自己的话语来刷存在感，而是在聊天时给同事们留有讨论和参与的机会和权利，又怎会闹出这样的结局呢？如果在团建时不随意打断别人说话，避免不经思考的抢话插话、给他人留有说话的空间、尊重他人，适当地做一名聆听者，游戏是不是不会还没有开始就结束了？是不是就能够避免不必要的尴尬，从而营造出愉快的聊天氛围呢？

怎样和他人建立良好的合作或沟通关系，是一门很深的学问，但这并不是捉摸不透的，只要经过正确的方式思考，细心和别人沟通，就能达到理想的聊天状态。

首先要学会倾听对方的话语，建立一种轻松愉快的交谈气氛，使双方都进入放松的状态；其次，慢慢让对方感受到自己愿意听对方的意见，而不是一味地表达自己想说的话语。

适当地去做一个参与者很重要，如果时时刻刻都只想着放大自己，只顾着自己发表意见，时间久了别人自然会不乐意和你交流。和他人共同讨论的说话方式更容易让人接受，会使他人更愿意和你产生更多的互动，谈更深入的话题，然后进一步地发展关系。

无论和什么人沟通，也不管用什么方式来沟通，都需要明白，沟通是需要多个人共同努力和参与的，只靠一个人表达是不够的，所以除了要有诚意地与别人说话，还需要敞开心扉接纳别人，聆听别人，达到一个平等舒适的状态，从而促进人与人之间的关系。

因此，在与别人沟通的时候要站在对方的立场上，要放大对方的参与感，让对方觉得自己的话有意义，不能只顾着自己的想法而开设“一言堂”，这样只能造成无法收场的后果。

3. 人人都有发言权，哪怕每人一句话

每个人都有说话的权利。人作为一个体，不仅要尊重自己说出的话语、维护自己的话语权，也要尊重其他人的言语以及他人说话的权利。

法国启蒙思想家、文学家、哲学家伏尔泰曾说："我不同意你说的每一个字，但是我誓死捍卫你说话的权利。"狄德罗也如是说："没有一个人从自然得到了支配别人的权利，自由是天赐的东西，每一个同类的个体都有享受自由的权利。"

相信大家都听过曹冲称象的故事。

曹冲是曹操最小的儿子，也是他最引以为傲的儿子。曹冲生性聪慧，在他五六岁的时候，智力就和成人相仿。

有一次，东吴的孙权送给曹操一只大象。曹操从来没有见过大象，于是便带着文武百官和小儿子曹冲去看大象。大象的模样惊到了众人，走近一看，只见光大象的腿，就和大殿的柱子那么粗，有人走过去用手一比，还摸不到大象的肚子；走远一看，大象的身体就像一堵

坚硬而又结实的墙一样，给人一种任凭风吹雨打也无惧的感觉。

这时曹操对大家说：“这只大象可真是大，可是不知道它到底有多重，你们谁有办法称一称？”

这么大的一只象，怎么才能称出它的重量呢？大臣们纷纷商讨起来。

一个大臣先开口说道：“嘿，这么大的一只象，只有制造出一杆顶大顶大的秤来称。”

另一个人急忙接话：“这得需要多大的一杆秤呀，费时费工不说，大象又是活的，会走动有危险，也没办法称呀！我看呀，只有把它杀了，切成块来称。”

可他的话刚说完，大家便哈哈大笑起来，说：“这真是一个又笨又蠢的办法，为了称重量，就要把活活的大象杀了，那真是太可惜了”

大臣们想了许多办法，可没有一个行得通，真是叫人为难了。这时，从人群里走出一个小孩，正是曹操最疼爱的儿子曹冲，他对曹操说：“父亲，孩儿有一个办法，可以称出大象的重量。”

曹操定睛一看，笑着说：“你小小年纪，有什么法子？你倒是说说，看有没有道理。”旁边的大臣们也不相信地笑着，心想：“这么多阅历丰富的大人都想不到合适的办法，区区一个小孩子，又能有什么好主意呢？”

众大臣跟随曹操来到河边，只见河里停着一只大船，随后曹冲叫人把象牵到船上，等船身稳定了，在船舷上齐水面的地方，刻了一道痕迹。然后又叫人把象牵到岸上来，把大大小小的石头，一块一块地往船上装，船身随着石头的增多一点儿一点儿往下沉，等船身沉到刚才刻的那道痕迹和水面一样齐了，曹冲便喊停叫人停止装石头。

大臣们都睁大眼睛惊呆了，起先还摸不清是怎么回事，看到这里不由得连声称赞："好办法！好办法！"

现在谁都明白，只要把船里的石头都称一下，把重量加起来，就知道象有多重了。曹操看到此番场景自然是非常高兴，他眯起眼睛看着儿子曹冲，又得意洋洋地望望大臣们，大笑起来，好像心里在说："你们还不如我的这个小儿子聪明呢！"

这个故事启示人们：无论什么样的人，都不应该因为他的外表就对其做出定论，认为其无知便否定其即将发表的言论。每个人都有发表言论的权利，哪怕是许多看起来无知的人，也许一张嘴就能说出很博学的话语。就像故事里的曹冲，当他站出来时，人们都觉得他的发言没有大作用，解决不了问题，可是小小的他却解决了连大人们也解决不了的问题。因此，每个人不仅有说话的权利，还应该得到应有的尊重。

有这样一个真实的例子，主人公是一个小型广告公司的老板。

公司创立不久他便花重金挖到了一个4A公司的优秀创意经理，这位经理的到来使公司的员工士气大涨，带动了整个公司的发展速度。可任何事情都是有利必有弊的，自从这位经理加入到团队中后，老板便重用他，轻视了公司原来的老员工，甚至对其的信任程度上升到了每个创意策划都要先经过他的筛选。

一次，公司竞争一个大型项目的设计合作，公司大大小小的设计师都规划着自己的方案，可是所有提交上去的方案都被驳回了，最后用来竞争的方案还是创意经理的方案，这使得公司的员工们非常不满，因为他们知道，方案都卡到了创意经理那里，老板根本就没有看他们努力做出的方案。

没过多久，竞争的结果就出来了，失败的消息并不让人感到惊奇。令人感到惊奇的是另一点，被选中的方案竟然和之前被否决的一个方案大同小异，甚至在细节上远远不如那个被否决的方案。员工们气愤不已，他们觉得如果之前的方案没有被创意经理压下，而是提交到老板手中的话，也许比现在中标的方案更加受到大众的欢迎和肯定。

正由于创意经理压下了许多优秀的方案，这些优秀的作品甚至不能出现在人们面前，员工们都充满了各种不满的情绪。

老板却没有向员工们公开表示什么，甚至变本加厉，公司大大小小的事情都要过问这位创意经理。没过多久，员工们都无法忍受，纷纷跳槽了，老板不得不宣布公司破产了。

试想如果这家公司的老板和经理，能够尊重一下员工们的创意和发言的权利，公司是不是能获得更优厚的利润呢？因此，尊重别人的发言权的同时也是在尊重自己，为他人留有发言的空间，受益的不仅是他人还有自己。

如果你认为自己的想法很好，那么就应该说出来给他人听，及时地和别人分享，不用太在意别人的眼光，当别人对自己的想法提出异议时也不用太过恼怒，因为人人都有说话的权利。在与其他人的交流中也是一样，大胆地表达自己的想法，当别人评论或者提出某种意见时也要安静聆听，因为人人都有发言权，哪怕每人只有一句话。

4. 超过俩人时，就要停止对话模式

从古至今，无论哪朝哪代，人与人之间的沟通都是缓和社会矛盾的一大润滑剂。某种程度上，沟通如科技的研发、工业的发展、商业的蓬勃一般，是时代发展不可或缺的成分。

沟通，这种人与人之间的语言交流，也是要讲究方式方法的。

然而，中国上下五千年的历史里，有无数人是因为沟通不当，而被错杀、被诛九族，甚至灭国。同样，不知又有多少智者因为机智的一席言语就能平反冤案、造福百姓、以少胜多，从而保卫家国。由此可见，正确的沟通是多么地重要。

沟通从参与人数上可分为两人沟通和多人沟通。两个人聊天时，注意力当然是要全部放在对方身上，认真聆听对方的话语，并做出相应的回答。当然，这其中也是有些小技巧的，比如两个人聊天，一定不要谈到两个人都觉得没有话说时才结束，这样可能会使两个人陷入尴尬的状态。正确的聊天方式是在两个人聊到都感兴趣的地方时，适当地放慢速度，给彼此留有空间，这样双方就都会觉得有说不完的话，而且如果言语间相同点很多，就能造成一种聊得很愉快的感觉。

可当在场的人超过两个人时，就应该停止对话模式，注意力和说话技巧也应随之改变。

有这样一个故事，发生在一家广告公司里。公司里的宣传部门有两个小组，人数都大概有八九个，相关负责人分别是A组长和B组长。

公司每次有工作任务时，都会同时下发给两个组，然后会让两组在规定的时间里提交各自的报告，最后择优选择。可是同一个部门中两位组长的办事作风却完全不一样。A组长平时对手下的员工都是一视同仁，认真听取每个人的意见，给予每个人发表建议的机会，员工们都很信服他，工作起来也非常地积极。B组长对员工也很好，从来不谩骂员工，有困难时还会尽其所能给予帮助，可是却因为他有一个不好的习惯，手下的员工们老是闹矛盾，工作也不积极。

有一次，公司接到一个大型项目的合作，需要对其项目进行宣传，任务自然和往常一样分给了宣传部门的两个小组。交稿的时间马上就要到了，两个小组都在紧锣密鼓地选着最后的方案。

只见A组的员工们纷纷上台播放了自己的方案PPT，然后组长对每一个方案都做出了评价，合适的进行表扬，不合适的会指出不足，最后选出最合适的方案。

而旁边的B组长的操作流程却不同于A组，他每次也是会让员工们挨个上去展示自己的方案，可是一旦有他觉得不错的方案，就会立马停止展示环节，然后就只和这个员工商量方案，进行修改或者添加某些元素。

可这样的话，剩下的员工做出的方案就连展示的机会都没有，组长连聊都不会聊他们的方案，就像做出的方案不属于此次评比一样，员工纷纷对此表示无语。次数多了，员工们就开始争抢靠前展示方案的机会，矛盾也就自然产生了。少了团队之间的协作，整个组的成员不仅都降低了工作效率，还打击了士气，工作态度也开始变得不再积极了。

比较一下A组和B组，很明显地就可以看出，当一群人在一起聊天沟通时，不要忽略旁人的感受只和某个人进行对话模式，也不要只在意某一个人的想法或建议，而是需要对所有人的想法给予发表的机会和认真聆听的态度，这是对在场所有人员的尊重。

如果你在乎周围所有人的感受，那么自己也就收到了更多的在乎，这样也更有利于建立多人聊天的良好氛围。身为管理者更是如此，对每一位员工都要照顾到，悉心听取每一个人的想法是对他人的尊重，这样有利于营造高效的工作氛围，加强团队之间的合作，从而提高工作效率。

魏永是个开朗的大男孩。周末，他带着女朋友参加同学聚会。席间，他除了一进门时介绍了一下女朋友，剩下的时间就只顾着与“同桌”聊起了曾经的趣事。两人你一言我一语，觥筹交错。

有些内向的女朋友，与大家都不熟，只能自己闷头看手机，偶尔吃两口菜，脸色越来越难看。

这时老班长看情势不对，连忙打断了他们的对话：“魏永，这可是同学聚会，不是你俩的私聊大会，再说你不顾我们，也要看看自己的女朋友啊，别冷落了人家。”魏永可能是有些醉了，反倒没当回事。女朋友借故上厕所时，就打车自己回了家。

第2天 ，女朋友就发短信说：“被人忽略的感觉其实挺难受的，尤其在一个完全陌生的环境下，自己悄悄离开是最好的结局，我们分手吧。”

如果只是两个人相处或者聊天时，可以进行你来我往的对话模式，因为这时两个人的注意力都在对方身上；但如果聊天的人不只两个人的时候，就要停止这种聊天模式，因为这样极容易忽略其他人，让其他人产生一种“我不重要”的想法。

在多人聊天时，切记不能只进行两人的对话模式，既然能在一起聊天，也说明在场的人聚集到一起有一定的原因，商量课题也好，闲聊也罢，一定要照顾到每个人的感受。

所以，当某个场合下聊天的人超过两个人时，就要停止对话模式，这不仅尊重了他人，也尊重了自己。

5. 不要通过插话、抢话，频刷存在感

日常生活中，人与人之间的交流是推动工作与生活的重要元素，而在交流时每个人都会情不自禁地产生想表达自己想法的急迫感。但当别人很认真地正在说一件事情的时候，如果有人不分是否合适、也不顾忌别人的感受，就随便打断别人说话或抢别人的话头，这样突然的话语不仅会打断别人的思路，使对方感到不快，甚至有时候还会让两个人产生不必要的误会。

不经思考地打断或抢别人的话头，是一种没有礼貌的行为。不仅是对人的不尊重，更是一种拉低自己素质的行为。如果一个演讲者正在兴致勃勃地演讲，下边的听众也听得非常认真。这时，突然有人插嘴说了一句话，而因为这句不合时宜的插嘴，演讲停顿下来，那么当下的气氛可以说是瞬间变冷。对于演讲者来说，他被打断了原本流畅的发言，自然也就不会对这个人有好感；对于其他人来说，这个人打断了他们聚精会神的聆听，也会在心里埋怨。

一天，有一位顾客在一家商店买了一套黑色的衣服，当时她觉得很不错，店员和朋友也觉得很符合她的

气质，于是便高高兴兴地买回家了。

可穿了一天后，却发现这套衣服的上衣褪色，把她新买的衬衣领子都弄黑了，于是她决定将这套衣服带回店里，打算问一问店员为什么会出现这种现象，应该如何处理。

可当她走进店里，刚说了一句话，还没来得及询问如何处理，店员就突然打断了她的话，说："我们店里这件衣服都已经卖出去几十套了，根本就没人说过这种情况，就只有你过来挑剔。"

她正准备解释一下，另一名售货员又跑了过来，再次打断她的话说："所有黑色的衣服刚开始的时候都会掉一点颜色的，这种价钱的衣服就是这样呀，没有办法，是颜料的原因，不能怪我们呀。"

听到这里，她火冒三丈，因为这两名售货员两次打断她说话，压根就没有听她说明事由，并且话里明显暗含着另外一种意思——便宜货就是这样，有本事就去买高档衣服，来小店里置什么气。

这时，店长听到了争吵走了出来，他的态度和这两名售货员完全不同，他静静地听这位顾客从头至尾讲述了一遍，全程只带着微笑随着她的话语点着头。

等到女士表达完毕后，他说明了自己不知道这个情况，并耐心问了她想要怎样解决。抱着衣服的女士听到店长的话语，气也消了一半："我本来也没有想让你们怎样，只是有些生气，然后来问问你们有什么解决的方法。”

最终，事情在店长的三言两语下就这样解决完了。

试想，如果这两个服务员不随意打断别人说话，而是尊重他人的言语、耐心地听完他人说话，事情是不是也会很容易就解决了？又怎么会产生这么多误会，还差点造成了店的名誉受损以及经济损失。由此可见，不打断别人说话，不插话或者抢话，耐心听别人说完话是多么重要。

文艺复兴时期的哲学家培根曾经说过：“打断别人，乱插话的人，甚至比发言冗长者更令人生厌。”这恰恰说明了打断别人说话是一种非常无礼的行为。如果一个人的话还没说完，就被人插一嘴进来的话，那么被插话的这个人很有可能会产生被排斥的感受，感觉自己的说话空间被掠夺，自然对这个人没有半丝好感。

有一个寓言小故事，说明的也是这个问题。

从前有一只小鸭，总是喜欢高傲地抬着头走路，觉得自己什么都会，谁说话它都能插上一嘴，森林里的小动物们谁都不喜欢和它讲话。

这天早上，太阳已经升起很高，暖暖的阳光照醒了小鸭，它懒懒地伸了伸腰，发现小鹿和小狗匆匆忙忙地往北跑，它连忙赶上去问了一句，原来是大象在北边广场举行森林一年一度的“脑筋急转弯大赛”。大家都在赶着去报名，小鸭心想这么重要的亮相时刻，怎么能少了它呢，于是也跟着跑了过去。

谁知还是去晚了，不仅报名结束了，而且比赛已经开始了。台上现在站着的是小鸡和猴子，大象发出了第一个脑筋急转弯，题目是：“什么东西越洗越脏？”

正当小鸡和猴子认真思考的时候，小鸭又按捺不住自己，插起话来：“我知道答案，我知道，这不就是水吗，只有水是越洗越脏的！”

大家都愣了，带着诧异的神色看向小鸭，觉得不是小鸭在比赛它却抢起话来，显摆自己，这样很没有规矩，很惹人讨厌。

可小鸭说完却自信地抬起了头，心想：“虽然我来晚了，但是还是我最聪明，回答得最快，大家肯定都特别佩服我。”

可是一回头发现大家都走开了，没有人想理会它。

这时大象走过来和小鸭说：“小鸭，你一定要改改你这个爱插嘴的毛病了，刚刚明明是小鸡和猴子在比赛，你却抢在它们说话前说出了答案，这是对别人的不尊重，你让大家会怎么想你呢？大家伙儿不爱理你也是有原因的，自己好好想想吧。”

说完大象也离开了，只有小鸭低着头，傻傻地站在那里。

在和别人聊天时总是忍不住插嘴、抢话或者打断别人的话，这样会使你显得非常没礼貌。而且，这种行为除了对他人不够尊重外，也是在放任自己自以为是、盲目自大的缺点。久而久之，也会对自己造成伤害——不利于与他人进行交往，也会影响自己在别人心里的形象，遭到排斥和厌烦，从而交不到朋友。

任何事情，都应该在细微的地方就引起注意，要时刻提醒自己，尊重他人也就是尊重自己。哪怕是说话这样一件小事，也要尊重他人，谈话间不要轻易打断别人说话。正确和他人沟通，是对自己未来的铺垫，也是促进自己交到朋友的有效方法。

学会倾听，学会等待，每当想插嘴说话、发表意见时，不妨先举一下手，并且努力减少插嘴次数，尊重他人的言语，别人说完自己再说，才能更好地理解对方想要表达的意思。

第七章

任何语言都是感情的孩子

感情有着强大的感化人的能量，能将人与人之间的交流变得不再冰冷无情，从而充满了浓厚的人情味儿。世间最舒心的事情莫过于此——交流时两个人能打开心扉，收起自己的冷漠，各自都以真诚的情感来对待彼此。所以，交流之中，该动情时，千万别让对方的热脸贴了冷屁股。

1. 感情匮乏的话语都是空洞的

人们用语言来将人与人之间的关系维持得更为密切，而语言作为沟通的重要手段，把需要交流的两个人紧紧联系在了一起。沟通给人的感受就像空气，看不见又摸不着，却又无处不在；而沟通对于人类来说，它的重要性也如同空气，人类失去沟通便无法悠然存活于世间。

语言沟通如此重要，但任何语言都能引起人们情感上的共鸣吗？不是的，虚伪的言语人们一听便知，只有带着真挚感情色彩的话语才能让人感受到来自对方的情感回应。

居民楼里新搬来一位单身女士，她似乎是工作繁忙，很少露面。所以，邻居们平时很少在楼道里碰见她。

单身女士的隔壁是一位寡妇妈妈带着两个小孩子，生活虽然清贫但是单身女士经常隔着一堵墙听到隔壁传来的阵阵笑声。

有一天晚上，居民楼停电了，陷入了一片漆黑。单身女士忽然听见一阵敲门声。

单身许久的女士保持着一直以来的警惕心，没有立即开门，而是站在门边问道：“谁呀？”

“阿姨，请问你家里有蜡烛吗？”小女孩的声音透着门板传入耳中，单身女士意识到这是隔壁家的小女孩儿，但同时她想到隔壁家生活贫困，便没有慷慨地拿出蜡烛，而是生怕对方收了自己的小恩小惠后黏上自己，为了防止以后出现甩不开的情况，单身女士随即把门打开了一道小缝隙，大吼一声：“没有！”

小女孩儿并没有像想象之中那样被吓到脸色发白，而是站在原地，没有转身离开。

小女孩儿在单身女士诧异的眼光下从背后掏出两根蜡烛，笑着对女士说：“我就知道你家一定没有！妈妈和我都担心你一个人住，怕你没有蜡烛，所以我带了两根过来送给你！”

单身女士微怔后感到十分自责，把小女孩儿抱在了怀里，热泪盈眶地说着感激的话语。

此后，居民楼更热闹了，原因是新搬来的单身女士常常出门和大家聊天，居民楼附近都充满了欢声笑语。

故事里，小女孩儿把自己真挚的情感融在了语言里，像骄阳一样融化了稍显冷漠的单身女士的内心。情感本身就具有这种魅力，充满感情的话语暖过春风，所经之处遍地都能开满娇艳的花。

有人说，这世界上有人内心寒冷，但有更多人的内心是温暖甚至火热的。的确，能说出温暖话语的人本身就是一个移动的太阳，散发着的温度甚至比普罗米修斯盗取的火种还要高。但是讲出带有感情的话语并不需要付出多大成本，也远远不会像普罗米修斯一样为之付出代价。

张敏有一个同学，名叫赵雨。虽然赵雨平时待人非常和气，但是大家都不太喜欢她，其中一个很重要的原因就是平时她说话好像有点不经过大脑，说出的话也都没什么感情，因此，大家在交流的时候都会有意无意地避开她。

当一群女生聚在一起讨论衣服时，大家都会发表一些建设性的意见，当问及赵雨的意见时，她通常都会说一句："都挺不错的，都挺好看。"久而久之，大家有事情时都很少过来询问她的意见，也很少和她进行沟通了。

赵雨这种常常顺着别人说话，而且话语间又不包含着自己真实感情的态度让同学们都不太喜欢和她一起聊天，因为她不带感情的话语有时候就像一盆冷水一样，把炒得火热的气氛一下子就降到了冰点。

但是张敏却大大不同，她给人的感觉就像是邻家的小姐姐一样，从她口中说出来的话语常常带着内心的真诚感受，让人听了就想和她一起交流下去。

当别人遇到困难前来请教时，她会很认真地帮助对方分析事情的利弊，给对方清楚地指出当时情况之下的选择，而不是像赵雨一样和对方一起发愁，然后反问对方怎么办。这种带着内心真实情感的交流方式很容易让人产生亲近感，自然能使交流更加顺畅。

有一次，隔壁班与大家关系都不错的梁平同学得了一个奖项，带着笑脸来到了她们两个所在的班级，当两个人听说这件事以后，反应大不相同：

张敏微笑着听他讲完后露出了惊喜的表情："真的吗？太好啦！真的太恭喜你啦！听说这个奖项很难得的，你太厉害啦！不如我们几个人正好借此机会出去聚一下吧！大家一起出钱都高兴高兴，权当给你庆祝了！"

而赵雨听完之后，则完全一副事不关己的姿态，淡淡地说："是吗？那真是恭喜了。"

虽然两者的话乍一听都有着恭喜的意思，但后者的话语明显带着一丝敷衍的意味，话语间也没什么感情，相比之下，自然是张敏这样有着真挚感情的语言更令人舒心。

大家自然更愿意与张敏这样话语间有感情的人一起聊天，张敏的朋友自然也比赵雨要多得多。

故事里，两个小女生虽然平时走得比较近，但是为人处世却大不相同，张敏充满感情的话语自然给她带来了一种人情味儿，这种人情味儿也使得大家在面对她时，自然而然地就带上了一种放松的心态，与其聊起天来自然也是十分开心。

因此，在日常交流的时候不妨给自己的语言加上真挚的感情，而且把语言和感情叠加在一起不仅没有成本，还会给自己以及周围的人全身都镀上一层金黄色柔和温暖的光芒。而光芒是可以传递的，只要大家都带着这种情感，那么，视线所触及的地方都将熠熠生辉。

这种道理在生活中也完全讲得通，当某个人说出一番充满真挚感情的话语时，即使铁石心肠的人也会内心有所触动。所以，把吝啬的情感收起来吧，用最真挚的情感来和语言融合，只有两者相结合才能交汇出动听的乐章，毕竟，任何缺乏感情的词语都是空洞的。

2. 怎么说是术，有没有感情是道

时光流逝从不与人商量，它在人们不注意时就悄悄溜走了。这就使得多数人认为随着时间的推移，自己也要成为一个不动声色的大人了。但是大人并不仅仅拥有“不动声色”这一属性，比如在与人交流的时候，不动声色的话，就很难表达出自己的情感，无法完成自己的情感诉求。

对于感情的表达，有人选择真情流露，有人选择歇斯底里。平淡也好，过激也罢，但无论哪种表达方式所带来的感受都是要远远超过“不动声色”的，如果你不动声色，别人又怎么能体会到你的感受呢？

王婷和詹勤是一对好朋友，平时经常凑在一起聊天，但是两人聊天的内容却大不相同。王婷苦恼于和自己丈夫平时吵架太多，夫妻感情不好，还经常冷战。而詹勤和丈夫总是和和气气，十分恩爱，几乎从来不吵架。因此，王婷十分羡慕詹勤。

这天，她们又聚在一起边喝咖啡边聊天，一提起自家丈夫，王婷就“嗒”地一声把咖啡杯放在桌上，开始不住地抱怨："勤勤，我跟你说，真是气死我了，我每天下了班还得给他做饭，昨天倒好，他一回家就开始挑，连我炒的菜都不愿意多吃。还有啊，我好心帮他收拾书房，他倒好，什么东西找不到第一个就冲我发脾气，这日子我实在过不下去了。"

詹勤只是微笑着听她说话，等她说完之后，自己才慢慢地开了口："婷婷，我们遇到事情的时候不要只是抱怨，你可以先想一想，你们两个平时有没有静下心来好好地沟通一下呢？"

"沟通？我实在想不到跟他有什么事情好沟通的，我们俩几乎没什么共同语言啊。"王婷苦恼地说。

"沟通不是闲聊天，而是交流一下平时内心的想法。我了解你的脾气，你好好想一想，你老公平时和你商量事情的时候，你是随便敷衍还是认真思考后表达自己的看法呢？"詹勤问道。

王婷仔细想了想，好像确实是这样，丈夫有什么事情想询问自己的意见时，自己要么就是忙着自己的事情不愿意回答，要么就是对话题没什么兴趣，三言两语就敷衍了事。

詹勤看到她露出了难堪的表情，接着说："所以平时你们在交流的时候一定不要像以前一样随便敷衍，你对他说的话里不包含自己内心的感情的话，时间久了他也就失去了和你沟通的兴趣。"

王婷点了点头，但还是露出了似懂非懂的神色，问道："我说话的时候带上了自己的感情，不像从前一样冷漠，那万一他对我说话时依旧带着冷漠的态度的话，那我该怎么办呢？"

"不会的，"詹勤否定道："如果你对对方说出的话里带着自己真实的感情，那么他一定会被这种感情所感染，情绪带动下，他一定不会对你冷漠的。"

王婷听到这番话，虽然明白了其中的道理，但还是有点不自信，詹勤见状，连忙"趁热打铁"："我可以给你举个例子，就拿我和我丈夫来说吧，当他有什么事情需要咨询我的意见时，尽管我对于他的问题不太专业，了解得也不太透彻，但我依旧会尽我自己所能，用我的感情语言告诉他，我是真的想帮到他。而不是让他觉得自己不重要，只要我自己的语言里带着自己真挚的感情，他就会感受到我的热情。"

王婷这下明白了，问道："你们感情那么好，就是因为平时交流的时候带着自己的感情吗？"

詹勤笑眯眯地点了点头。

只有当语言和感情结合时，语言才能发挥出最大的魅力来感动对方。在与其他人交流的时候，话语里结合自己的真情实感时往往才最动人。语言和情感就像一对血浓于水的亲人，语言是情感的载体，情感是语言的动人之处。

感情才是语言中的“硬道理”，当带有感情的话语一出口，人们就能被其中迷人之处所吸引，而且往往只有带着感情说出的话才能一语中的，胜过千言万语。

一条步行街里有紧挨着的好几家服装店，但是其中一家的销量特别好，远远超过了隔壁的几家店铺。

这家店铺的老板是一个温柔的女士，当有人前来购物时，她都会仔细询问顾客的需求，然后细致地根据顾客的需求和身材来推荐合适的衣服，还会贴心地为其搭配一个个小饰品。当顾客试穿好衣服时，她会很认真地讲一讲自己的见解，包括自己平时搭配衣服的心得，和顾客像朋友一样热心地交谈，把自己总结的小贴士一个个给顾客们讲解。

顾客们感受到老板对于自己的真挚感情，也都乐意和老板交流，甚至愿意和老板交朋友。因此，这家店里的回头客特别多，有些老顾客也都愿意把这家店介绍给自己的朋友。

反观其他店铺，有客人进去时，老板连头也不抬，淡淡地说一句“欢迎光临”，当顾客需要试穿时，才磨磨蹭蹭地离开自己的位置。久而久之，顾客们都不愿意到这些店铺里来了。因为这些店铺里，老板和他们的交流都很少，遑论感情。

生活中的交流亦如此，当带着感情与对方沟通时，对方自然会受到感情的“感染”，也会带着感情一起交流，这样包含着感情的话语也会使沟通的效率变高，双方之前的隔阂也会被填补，两人之间的距离也会被感情慢慢拉近。

许多人重视“如何说话”“怎么说话”，可当将话语模式转化为一个个死板的公式时，却忽视了最重要的一点——感情，有了感情的话语才能将其称为“道”。感情把语言变得更优美动人，语言把感情变得更容易接受和体会。

所以，在以后的交流中，尝试着用自己最真挚的情感去交流吧，毕竟研究怎么说话只是一种“术”，而语言里包含感情才是“道”。

3. 该动情时，千万不能冷漠以对

情感是这个世界上最温暖的力量，处于情感之中的人们也会无时无刻不被幸福包围；相反，处于冷漠中的人们就像掉入了冰窖，在严寒中瑟瑟发抖却又无能为力。

饱满的感情给人带来的感受如同三月的春风，把严冬的酷寒吹走，取代而之的是迎春花的娇艳和绿草的清香。被这样的感情环绕的人们仿佛得到了一个温暖的拥抱。沟通中亦然，动情的话语如同温柔而坚定的力量能让人忘掉忧伤，继续前进。

有这样一位老教授，一直把生活的重心放在了自己的工作上，对待家人从来都是用含糊的态度敷衍，全然不管家人对他的关心，一心一意地搞着自己的学术工作。

近来，这位老教授忙于准备一场重要会议上的发言，发言稿写了又写却始终不是很满意，因为这次会议的规模非常大，可以说是他有生以来所见到的最大规模的会议，他把稿子改了又改，甚至还让老婆重新给他买了一套西装。

家人当然也对他这次发表演讲非常看重，不断来问他准备工作的进程，可无一例外地每次都被他挥着手赶走了。在会议举行的前一天晚上，家人再次来关心他是否需要帮忙，他依旧摆了摆手拒绝了。

吃晚饭时，老婆问他西装是否合身，他往嘴里塞了一口饭之后冷漠地说："还行，就是裤腿长了两公分，能穿。"老婆看他冷淡的神色也没多说话，继续把碗里剩下的饭吃了。

为了第二天保持饱满的精神，晚上时老教授早早就睡了，可是教授的老母亲却翻来覆去地睡不着，她想：裤子长了可怎么穿呢。于是从床上起来，把裤子裁短了两公分，熨好之后终于放心地回到自己的房间睡了。

第二天，教授的老婆起得格外早，也许是心里有事早上就睡不着了。起床后，她把老公的裤子剪短熨好之后才放心地出门买菜去了。

女儿醒来之后，看到奶奶还没起，妈妈也不在家，便想到：爸爸的裤子还长了两公分呢，不合身可怎么穿呀。便悄悄地把爸爸的裤子剪短熨好后放回了原处。

等教授起床后，拿起裤子，这时的裤子已经短得没办法穿了，大发了一顿脾气后，穿着旧西装出门了。

剩下一屋子人面面相觑，谁也不知道自己做错了什么。

正因为教授对于家人冷漠的回答，才使得家人对他的关心都缺少一种双向的交流，因此付出了三倍的劳动。但如果他对自己的家人能温柔一点，在当初老婆问起西装时，就对家人客观地表达一下意见："裤子虽然有一点点长，但是我穿起来也没什么影响，不用改了，这样就行"或者"裤子是有一点点长了，老婆辛苦你了，吃完饭帮我改短一点吧"。这样的话，又怎么会产生"裤子不能穿的后果"呢?

再者，假如教授平日里能对家人温柔一些，该带着些感情的时候不那么冷漠，也许家人就不会在帮助他时不愿意与他进行沟通了。但无论怎样，导致这种后果发生的根本原因就是教授平时冷漠的交流方式吧!

除此之外，即便是与家人之外的人进行沟通交流，该动感情时，也千万不能冷漠以对。

张女士和丈夫是大学同学，从相恋到相知、相守已经一起走过了十个年头。但是，张女士却总向闺蜜吐苦水："感觉他不像从前那么爱我了，有时候三五天都不跟我说一句话，跟他分享工作上的麻烦或者家里的大事小情，他总是有一搭没一搭地随便搭个腔，根本不多说一句。"

闺蜜笑了笑说："讲讲具体的事。"

张女士说："我买了件新衣服，问他好不好看，他只顾着看足球比赛，看都没看我一眼，就说好看。我剪了短发，本以为他一进家门就会发现呢，谁知他根本无动于衷。我跟他讲工作上的烦心事，他也不懂得开解我，只是敷衍地随便回我句，‘女人就是麻烦’。”

“然后呢？”

张女士叹了口气说：“然后忍无可忍就无须再忍，我受不了的时候，索性就发了一通大火。”

“再然后呢？大吵了一架？”

张女士又说：“然后他还来劲了，说我无理取闹，还摔门就走了。”

生活中，一方在交谈时冷漠以对，说话敷衍、生硬，终会导致交流无法进行，才最终导致这样无法收场的后果。倘若当时在沟通时，两人都选择投入感情地交流，想必也不会以吵架收场。

老张和媳妇，则是一对毫不掩饰自己感情的夫妻，他们的对话总是那么温情又浪漫。每天老张一下班，开门就喊：“亲爱的，我回来了。”媳妇在厨房边做饭边大声回应道：“回来了赶紧洗洗手，我刚做好你最爱吃的红烧肉呢，你可以过来先尝尝。”

老张换了拖鞋，立马就跑过来：“让我尝尝，看着就流口水，媳妇你这烧菜的手艺真是越来越厉害了。”

媳妇打趣道：“不洗手，打你，去看看孩子作业写完没，然后帮忙盛饭吧。”

老张敬了个礼说："遵命，女王，小的这就去办。"

媳妇笑了笑说："别贫了，老逗我，弄得我差点放错了佐料，准备开饭了。"

感情有着强大的感化人的能量，能将人与人之间的交流变得不再冰冷无情，从而充满了浓厚的人情味儿。世间最舒心的事情莫过于此——交流时两个人能打开心扉，收起自己的冷漠，各自都以真诚的情感来对待彼此。所以，交流之中，该动情时，千万别让对方的热脸贴了冷屁股。

4. 别因冲动话不择机

总有人说冲动是魔鬼，确实如此，冲动之下的行动和语言常常带来无法言估的后果。被冲动左右情绪的人时常给人们带来一种可怕的感受，不经大脑的冲动言行经常会伤害到别人。

《管子·形势解》中提到：“圣人择可言而后言，择可行而后行。”意思是说圣贤之人在说话和行事之前都要经过一番严密的思考，言当言之言，行当行之行。

在日常生活中也是如此，在说话之前要考虑话语的影响，行动之前也要考虑一下后果，这样才能避免不必要的损失。当情绪被冲动控制时，尽量不要把想说的话脱口而出，而是思索一下说出的话是否合适，否则会造成无法收场的后果。

有一个单亲妈妈带着一个还在上小学的女儿过着艰苦的生活，妈妈年轻时没学到什么技术，靠卖红薯为生，小女孩儿每天最幸福的事情就是能在早上起床后吃到一个热腾腾的红薯。因为家里条件太差，小女孩儿的衣服常常都是旧的，面对同龄人花红柳绿的新衣服，小女孩儿不是不羡慕，但是碍于自己的家庭情况，从来都不敢和妈妈提。

快过年了，班里的小伙伴儿们又提到了自己的新衣服，只有小女孩儿坐在一边不置一言。话题从新衣服谈到家长的工作，又从家长的工作谈到过年要去哪个城市旅游，小女孩始终在一边沉默着，小伙伴们不知想起了什么，突然转向坐在角落的她，问道："你过年的时候都没有什么安排吗？"

小女孩摇摇头就离开了这个话题圈，独自走出了教室。

放学后，别的小朋友都有家长来接，只有小女孩儿是独自一人走回家的，她走在路上忍不住开始把自己和大家比较起来，发现大家有的东西她都没有，越想越难过，走到家门口时眼里噙满了泪水。

恰好这天母亲的红薯没卖出去多少，母亲一边盘算着明天的生意该怎么做一边做着饭，脸上多少带着点发愁的神色。刚进入屋门的小女孩儿看着妈妈忙碌的背影，开口道："妈妈，过年我也想买一件新衣服穿。"

母亲的怒气一下子爆发了出来："新衣服！你就知道新衣服！我们连饭都快吃不上了你还只想着你自己的新衣服！我上哪里去给你弄钱？去抢银行吗？"

小女孩儿听到这些话也很生气，开始话不择口："为什么我和大家不一样啊！同学们的家长都能挣到很多钱，为什么你不能啊！我也想过和大家一样的生活啊！”

母亲的怒气更重了：“你以为我不想挣钱吗！我是你妈妈你能这样和我说话吗！你能不能懂点儿事！”

“我认为自己已经很懂事了啊！长这么大我第一次和你提这样的要求，你这么骂我我不会难受的吗！”

“懂事你就不该这么和我说话，我是你妈妈！”

“可是我一点儿也不想当你的孩子啊！我也想和大家一样……”

小女孩儿的话还没说完，就被妈妈的一巴掌吓到了，小女孩儿捂着脸，泪水像断了线的珠子一样，转头就往外跑。

背后传来了妈妈的怒吼：“你敢踏出这个门，就再也不要回来了！我就当没生过你这个女儿！”

小女孩儿头也不回：“不回来就不回来！”

故事里的小女孩儿和妈妈因为冲动说出了伤人的话语，怒极之下脱口而出的话语甚至来不及思考，像一柄利刃一样深深地刺进了彼此的胸口。

假使两个人在说第一句话时能各自后退一步，或者冲动之下能稍微控制一下自己的言语，事情是不是就不会发展到这种无法挽回的地步了？

但是事情发生之后再做假设也是无用功，冲动把人类变得面目可憎。多年以前，《论语·公冶长》中就提到，一定要“三思而后行”，不要让冲动把说出来的话变成一颗颗攻击性极强的子弹，这种子弹射进人们的胸膛之后，即使有朝一日将子弹取出，人们的内心也会留下不可磨灭的疤痕。

有这样一个小男孩，他时常会控制不住自己的情绪，总是在冲动之下说出一些十分伤害人的话语。

有一天，他的父亲把他叫到身边，给了他一袋钉子并告诉他，以后每当因为冲动的言行伤害到别人时，就在后院的篱笆上钉上一颗钉子。

小男孩答应了。一开始，他每天都要往篱笆上钉上好几颗钉子，但随着时间的推移，他每天钉上去的钉子越来越少，甚至到后来，一天里，他都没有再往上钉过钉子。

渐渐地，他发现控制自己不发脾气要比钉钉子容易得多，就告诉父亲，他已经可以控制自己的情绪了。父亲告诉他，以后每控制住一次自己即将爆发的冲动，就可以拔掉一颗钉子。

日子就这样一天天地过去，篱笆上的钉子渐渐都被拔光了。小男孩叫来他的父亲，父亲就指着篱笆上的痕迹告诉他：“你知道吗？你在冲动时说出的话语，所带的攻击性不亚于这样一颗钉子，尽管你后来能把钉子一颗颗拔下，但是当你把这些钉子钉进去的时候就注定了会对这些篱笆造成伤害——你看这些痕迹，这是永远也无法消除的，一旦造成就会永久存在。”

有时候，冲动之下说出的言语给人的伤害并不像这些钉子一样能被拔起，这些攻击性的话语犹如利剑一样深深地插入对方心中，甚至可能永久地梗在心里，变成一根永远也无法消除的刺，只要这根刺还存在，就时时刻刻地造成伤害。因此在冲动时，不妨先冷静几秒钟。有些冲动的话不说出来就不会把空气凝固到冰点，当平静地把引起暴怒的事情讲通后，则会把气氛缓和到最开始时的舒心的状态。

“冲动是魔鬼”，所言不虚，冲动之下所说出的话往往带着比冲动本身更大的杀伤力，以致于造成更为严重的后果，这些后果甚至是无法收场的。因此，别因为一时冲动就话不择机，这样只会让气氛更加紧张。

5. 有温度的话，暖人暖心

人们把“交换”作为沟通的第一目的，交换的不仅是信息，有时候更重要的是其中包含的感情。但是如果沟通中所使用的言语不带一丝感情的话，想要表达的感情也就无法相互传递了。

例如，冰冷的语言自然是和冷漠的态度相结合，但两者只能营造出紧张的气氛，致使谈话无法在双方都愉快的情况下进行，也便失去了沟通的意义。

但包含着感情的话语就大不相同了，感情就像是语言的灵魂，而语言则恰似感情的载体，当两者相结合时，再困难的问题也能解决。对于语言来说，感情有着无可比拟的力量，人们都愿意和充满思想和情感的人进行交谈，而不是和语气冰冷的机器人聊天。而机器人之所以说出的话语冰冷，就是因为机器人不是人类，没有人类的温度。

与机器人相比，人类在沟通这一方面有着得天独厚的优越性，语言里包含了感情才能称之为“有温度”，否则只能是冰冷的机械语言。

年仅六岁的小朋友王翔还在上幼儿园，班里有一个先天发育不良背部佝偻的小男孩儿，班里的其他小朋友见了这个小男孩儿都远远地躲开，从不与他一起玩耍。原本就内向的小男孩儿也因此显得更加沉默寡言，常常独来独往。

出于自我保护，这个小男孩儿对于其他人的示好也常常不会有过于热情的反应，生怕别人戏耍他。

但是王翔和别人不一样，他观察这个男孩儿很久了。这个男孩儿甚至比王翔还要大一岁，但是佝偻的背部，使得他看起来更加地瘦小了。

有一次，王翔开始试探性地和他说话，对方一开始沉默不语，但是渐渐地，对方也对王翔充满温度的话语打动了，开始和王翔有了语言上的互动。

小孩子还不会收敛自己的情绪，两个人相处的时间长了，小男孩儿自然地就把王翔当成了自己最好的朋友，两个人经常在一起玩耍。

有一天，在院子里玩了好久的两个人都有些累了，气喘吁吁地坐在草坪上歇着。王翔像是突然想到了什么似的，转过身子正对着小男孩儿，看着他的眼睛对他说："我知道你的背为什么是这样弯弯鼓鼓的。"

小男孩儿就像被利剑刺中了一样，突然僵直了身子，眉眼低垂一言不发。

王翔却好像没看到他的反应一样，带着和稚气未脱的脸不相称的严肃神情说道："我知道你的背里面装了什么，你知道吗？”

小男孩儿的脸色有些白，摇了摇头后不安地说：“不知道……我不知道。”

看到小男孩儿的反应，王翔突然露出了一个爽朗的笑容，伸出双手托起了对方的脸，示意他看向自己：“你知道吗？弯弯的背是世界上最漂亮的储藏器，里面装着一对……还没有打开的翅膀。”

小男孩儿的眼睛瞬间迸发出了比星星还亮的光芒。

小孩子之间的沟通是最直接的，他们不会绕着弯说话，但话语里包含的感情却是最真挚的。用情感装点出的话语是世间最灼热的存在，这样的话语暖过盛夏骄阳，将人们心底的尘雾尽数驱散。

一日，小李一个人在大街上走。突然一个衣衫褴褛、眼睛红肿，冻得嘴唇发青的老人，手捧着一个破旧的不锈钢饭盒，挡住了他，嘴里发出微弱的声音：“可怜可怜我吧，给点钱吧，老天会保佑好心人的。”

小李摸了摸身上的所有口袋，月光族的他，每每临近月底都是“兜比脸干净”的状态，只剩下一些零钱。看着老乞丐微微颤抖的手，他还是掏出了仅有的零钱说：“别见怪，老伯，我就剩这么多了，应该能买碗拉面填饱肚子，暖和暖和。”

老乞丐眼睛有些湿润了，哽咽着说："已经很久没人这么尊重、关心我了，谢谢你孩子。"

语言里有了感情才能充满温情，而这种充满温情的话语，才真正是暖人又暖心啊！